I0492700

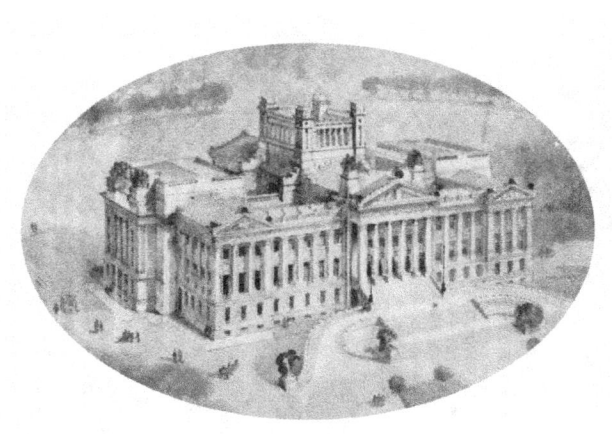

Esc. Amelia Paz Arrarte

Palacio Legislativo

Legislative Palace

REPÚBLICA ORIENTAL DEL URUGUAY

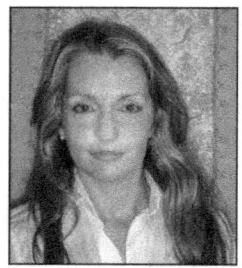

AMELIA PAZ ARRARTE

La autora, Amelia Paz Arrarte de Buonomo, ha sido funcionaria del Palacio Legislativo y Escribana Pública, prestando funciones en la Asesoría Notarial. Previamente cumplió funciones en la Oficina de Protocolo y Traductores, siendo experta en protocolo, ceremonial, relaciones públicas y buenas maneras, así como idiomas extranjeros, dominando fluídamente el francés, inglés, italiano y portugués.

The author, Amelia Paz Arrarte de Buonomo, currently worked at the Legislative Palace as Notary Public in the Notary Couselling Office. She previously worked in the Office of Guided Tours and Translations and is an expert on protocol, ceremonies, public relations and good manners. She also has a fluent mastering of foreing languages, such as French, English, Italian and Portuguese.

El presente libro está dedicado a todos los legisladores que han pasado por este augusto Palacio Legislativo, así como en el futuro continuarán su labor, en cumplimiento del mandato soberano. Labor que muchas veces no es comprendida en el sacrificio que muchos hacen de sus vidas personales, de su vida familiar, de su privacidad y de sus intereses; defendiendo sus ideas, conjugándolas con sus adversarios en busca del superior bien común

This book is dedicated to all the legislators who have worked in this venerable Legislative Palace, as well as to all those who shall continue their task for the fulfilment of the people's sovereign mandate. This task, that quite often is not thoroughly understood, involves the sacrifice of their personal and familylives, their privacy and interests, fordefending their ideas, in conjunction with their oponents, in a search for the bestcommon interest.

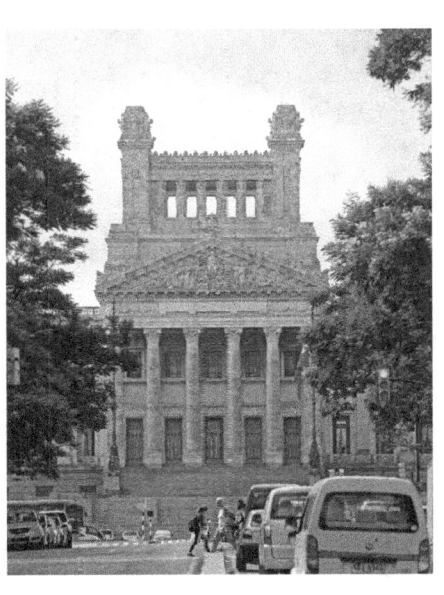

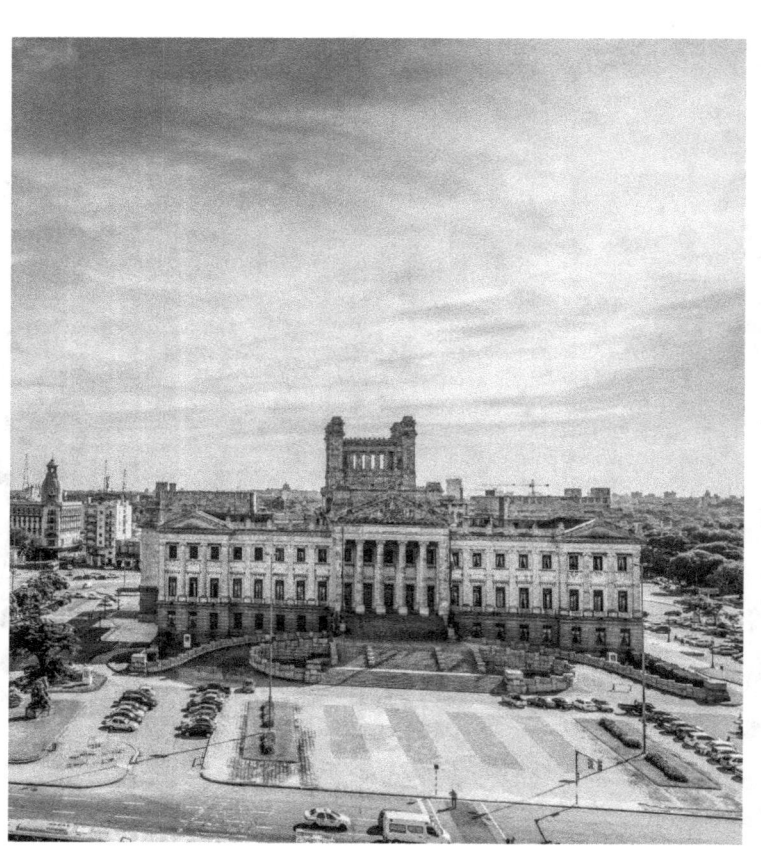

Contenido
Contents

El Palacio Legislativo constituye no sólo la mayor construcción arquitectónica del Uruguay, sino que es el mayor conjunto de obras de arte estatuario del país.

Es un importante edificio de tres plantas y subsuelo (planta alta, planta principal y subsuelo) que tiene aproximadamente ocho mil metros cuadrados de superficie construida y una altura de cuarenta metros.

Su importancia va más allá de las dimensiones de la obra, pues son claros los valores arquitectónicos y artísticos de su realización y de las obras de arte que lo revisten y adornan.

La obra, desde su comienzo a su inauguración, llevó más de 17 años de labor de muchos artistas, artesanos y arquitectos, italianos y uruguayos, que, con sus aportes le dieron al Palacio Legislativo la majestuosidad que hoy presenta. Pero esta obra aún está inconclusa, pues en su concepción final aún fal- tan adjuntar otras obras de arte que nunca le fueron adosadas. Asimismo la manutención del conjunto edilicio requiere la permanente labor de cientos de artesanos y artistas que mantienen en perfecto esta- do esta obra magna nacional.

Su propio destino, sede del Poder Legislativo de la República Oriental del Uruguay, hace que, sin perder el estilo, la majestuosidad y la concepción arquitectónica que lo plasmó, haya debido irse adaptando al progreso y a las nuevas necesidades que la vida moderna le han obligado a asumir. Así el Palacio cuenta hoy con todo los adelantos modernos en video, télex, fax, computación, telefonía, etc. y está interconectado con todos los parlamentos del mundo en una red de consulta e información a través de la Unión Interparlamentaria.

No es casual que la mayor obra arquitectónica del país sea la Sede Parlamentaria. Desde el mismo nacimiento de la Nación, los representantes de ésta fueron respetados, y dicho respeto conllevó a que la Sede de los representantes nacionales tuviera la preeminencia que el mismo plasma. Así lo entendió muy claro nuestro Prócer Nacional el General Jose Gervasio Artigas, cuando en la cumbre de su poder recibe a los representantes de los pueblos de la entonces Banda Oriental con esta augusta frase: "MI AUTORIDAD EMANA DE VOSOTROS Y ELLA CESA ANTE VUESTRA PRESENCIA SOBERANA..." Y así está estampada en el sitial de honor de la Cámara de Diputados.

The Legislative Palace is not only the largest architectonic construction of Uruguay, but also constitutes the greatest collection of statutary works of art in the country.

It is an impressive building of three floors and a basement (first floor, main floor, ground floor and basement) with an approximate built area of eigth thousand square meters and forty meters high.

Its importance goes beyond the dimensions ofthe building, taking into account the architectonic and artistic values of its construction as well as the masterpieces that cover and decorate it.

From its beginning to its inauguration, the construction involved the work of several Italian and Uruguayan artist, artisans and architects who contributed to the present grandeur of the Legislative Palace. But the work is still unfinished, as the addition of some art pieces provided for in the original project is still pending. Likewise the maintenance ofthe whole building requires the permanent effort of hundreds of artisans and artists who keep this magnificent national work perfectly preserved.

As the site ofthe Legislative Power ofthe Republic of Uruguay, it has necessarily adapted to progress and the new requirements of modern life, without losing its original style, magnificence and architectural concept. Thus, the Palace presently counts on all the modern facilities such as video, fax, computers, phones, etc.And is also interconnected with all the Parliaments throughout the world in a consultation and information network through the Inter-Parliamentary Union.

The fact that the largest architectural work in the country is also the Parliamentary Site is not coincidental. From the very origin of the Nation its representatives became the object of respect and such respect was reflected in the magnificence that presently shows the site of national representatives. This was clearly understood by our National Hero, General José Gervasio Artigas when, at the summit of his power, he welcomed the representatives of the peoples integrating what was then the "Banda Oriental" with this austere phrase: "M A C M F M A C A B F P C ..."

And so it is stated at the place of honour of the Chamber of Deputies.

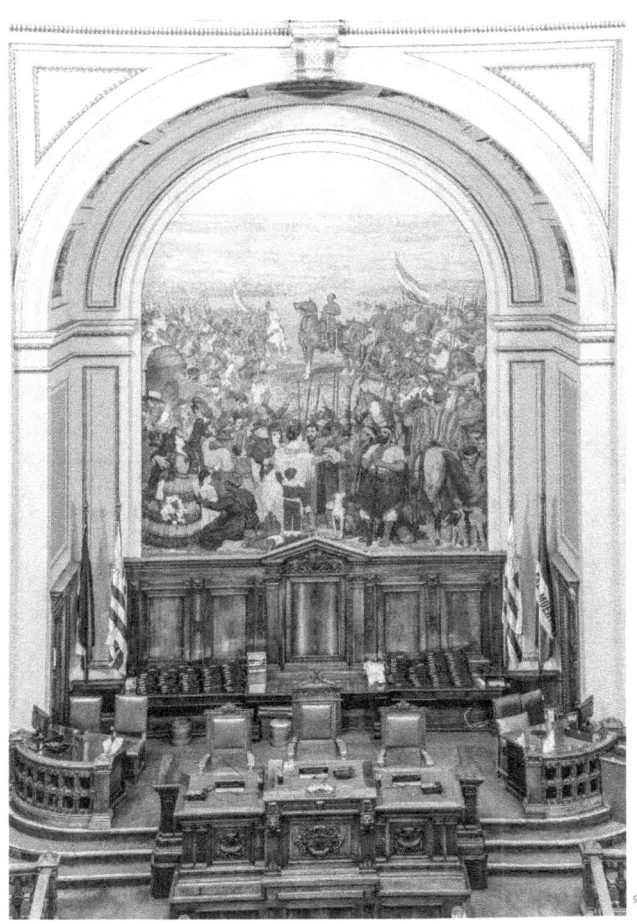

Sedes parlamentarias anteriores al Palacio Legislativo

Parliamentary sites prior to the Legislative Palace

La primera Sede de los 28 primeros representantes uruguayos fue en la ciudad de San José, en una casa cedida para ello por Juan Esteban Durán en la es- quina de las calles Asamblea y Sarandí, a una cuadra de la plaza principal. (En 1828, a consecuencia de la firma de la Convención Preliminar de Paz)

La segunda Sede fue en la ciudad de Canelones, en el mismo año 1828. Poco se sabe de dicha finca, más que una tormenta la dejó imposible para el uso de las reuniones y que en dicho lugar hoy existe una escuela pública.

La tercera Sede, a partir del 12 de febrero de 1829, fue la Capilla de la Aguada, en Montevideo, construcción que tampoco se conserva, pues fue demolida en 1875.

La cuarta Sede de la ilustre Asamblea fue el Cabildo de Montevideo, donde se instaló el primero de mayo de 1829, cuando en cumplimiento de l a Conven- ción Preliminar de Paz de 1828 se retiraron las últimas tropas extranjeras. El Cabildo de Montevideo, es una

The original meeting site of the first 28 Uruguayan representatives was located at the city of San josé, in a house donated for such purpose by Juan Esteban Duran, at the corner of Asamblea and Sarandí streets, a block from the main square (this took place in 1828 as a consequence of the signing of the Preliminary Peace Convention).

The second site was established in the city of Canelones, also in 1828. Little is known about this place, except that a storm turned it unusable for meeting purposes; at present, there is a public school on such location.

As from February 12, 1829, the third site was estalished in the Aguada Chapel, in Montevideo which does not longer exist as it was demolished in 1875.

The fourth site of the honorable Assembly was established in the CABILDO OF MONTEVIDEO (city hall) on May 1st, 1829, when the withdrawal of the last foreign troops took place in compliance with the 1828 Preliminary Peace Convention. The Cabildo is a

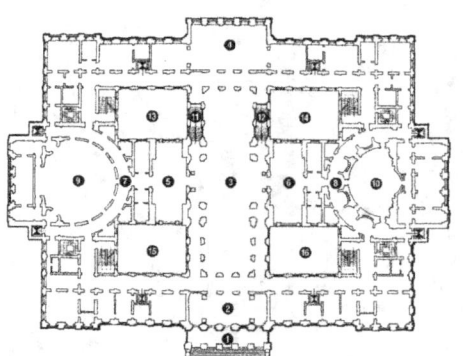

Planta principal

1. Escalinata Principal
2 Hall de Honor
3. Sala de los Pasos Perdidos
4. Sala de Fiestas
5 y 6. Antesalas
7 y 8. Ambulatorios
9. Cámara de Diputados
10. Cámara de Senadores
11 y 12. Escalinatas a Pasos Perdidos
13, 14, 15 y 16. Patios Internos.

Main floor

1. Great Maint Stairway
2 Main Hall
3. Room of Lost Steps
4. Reception Room
5 and6. Anteroom
7 and 8 Ambulatories
9. Chamber of Deputies
10. Chamber of Senators
11 y 12. Stairways to the Room of the Lost Steps
13, 14, 15, 16. Inner Yards

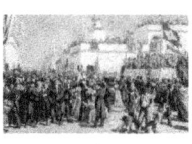

espléndida y adusta construcción colonial que se encuentra en perfecto estado, construída en dos plantas frente a la Plaza Matriz, frente por frente a la Catedral de Montevideo, sus puertas dan a la calle Juan Carlos Gómez, antes de San Fernando. La Asamblea se re- unía en la llamada Sala Capitular en la Planta Alta del mencionado edificio. A partir de 1843 dicha sala se llamó Cámara, precisamente por ser ella la sede de las Cámaras.

Al principio las Cámaras de Senadores y Diputados se alternaban para el uso de la única Sala; cuando en virtud de la necesidad se amplía, restaura y modifica el edificio sobre la calle Sarandí, el Senado continuó reuniéndose en la Sala Capitular y Diputados lo hizo en la nueva Sala. Aquí se sancionó la primera Constitución el 10 de setiembre de 1829, que fue jurada el 18 de julio de 1830 y ésta fue la sede parlamentaria desde 1829 a 1925.

Pero el país sentía que la sede parlamentaria no era suficiente, ni acorde con la importancia que la misma debía revestir. Siempre se habló de construir una nueva sede.

magnificent and austere colonial building that has been perfectly preserved; it has two floors and is located in front of the Matriz Square and the Montevideo Cathedral, its doors opening on the Juan Carlos Gomez street, formerly San Fernando street.

The Assembly used to meet in the so-called Capitulan Room in the first floor ofthe building. As from 1843, those rooms were called Chambers, as they became precisely the site of the Chambers. At first, the Chambers of Senators and Deputies alternated in the use of the only available room; when the building on Sarandí street was enlargened, restored and modified to adjust to current needs, the Senate continued meeting in the Capitular Room, while the Deputies met in the new Room. The first Constitution of September 10, 1829, sworn on July 18, 1830, was approved in such place, and it served as parliamentary site from 1829 to 1925.

However, the country felt that its current Parliamentary Site was neither adequate nor according to its required significance and magnificence. The intention of building a new Site was always present.

Planta alta

17 y 18.
Galerías o barras (Público)
19. Biblioteca
20 y 21
Vista de las Cariátides

First Floor

17 and 18.
Tribunes for the public
19. Library
20 and 21
View of the Caryatids

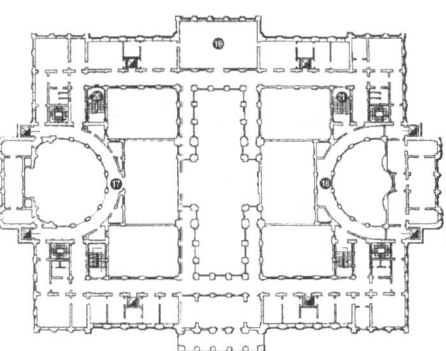

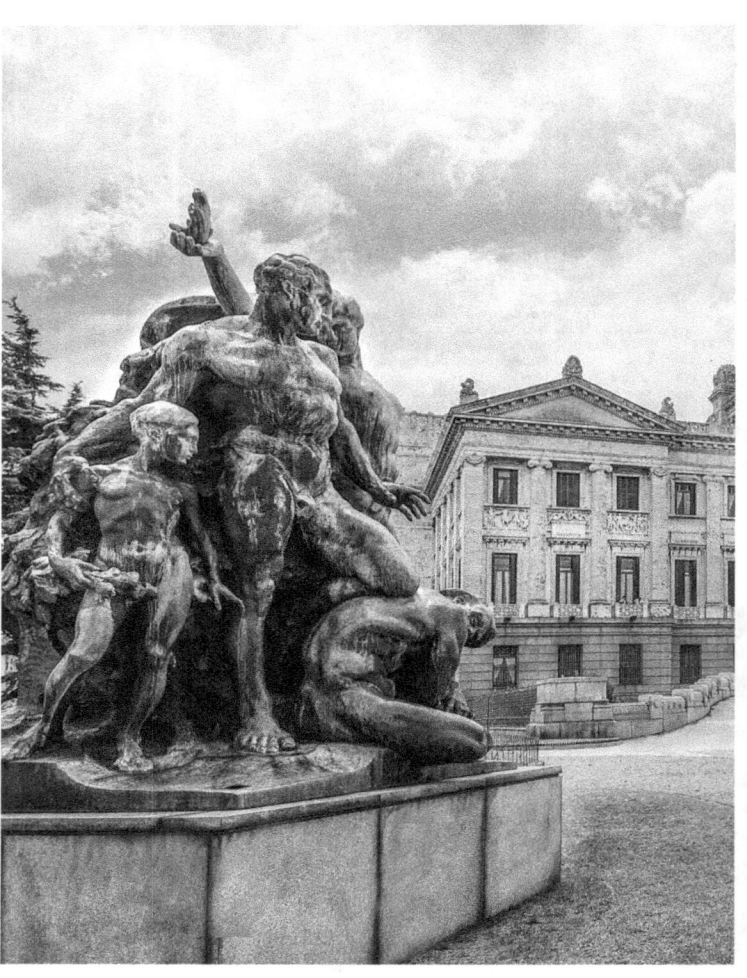

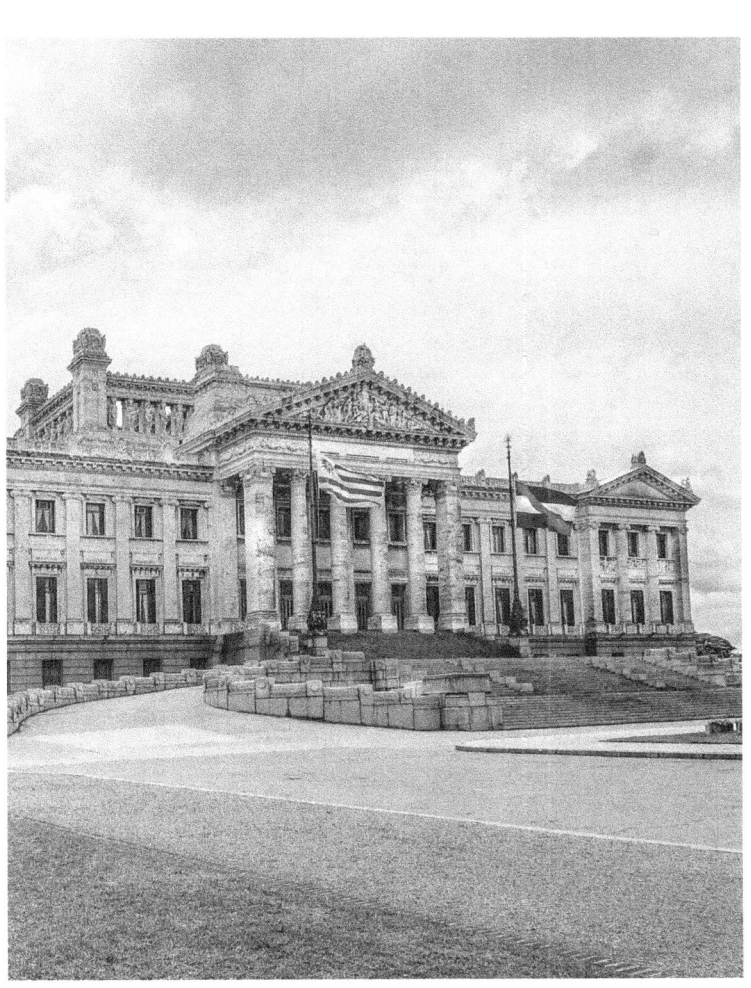

El 28 de junio de 1902 la Asamblea General aprueba una ley aumentando los rubros y creando la Comisión del Palacio Legislativo, cuyo primer presidente fue el senador José Batlle y Ordóñez, y su secretario el diputado Ingeniero José Serrato.

Se llamó a Concurso Internacional de proyectos y por intermedio de nuestros representantes en el exterior fueron repartidas las bases. Sólo 27 de los proyectos llegaron a presentarse antes del 15 de abril de 1904, incluido uno que se encontraba a bordo del buque Magdalena que estaba surto en el puerto ca- pitalino y el 4 de mayo siguiente fueron expuestos al público en los salones del Ateneo de Montevideo.

El fallo del Tribunal declaró desierto el primer premio, pero aconsejó llevar adelante el proyecto que bajo el lema "Agraciada" presentó el Arquitecto italiano Víctor Meano, residente en ese entonces en Buenos Aires. El, en definitiva, ganador del concurso, nunca llegó a enterarse del fallo del mismo pues murió ase- sinado en Buenos Aires el primero de junio de 1904.

El arquitecto Meano intentó cumplir su proyecto en el estilo clásico, buscando un conjunto severo y majestuoso pero sencillo. Reconoce la influencia su- frida por la obra del Arquitecto Théofilo Hansen al proyectar su monumental REICH SRATHS, el Parlamento de Viena.

El estilo neoclásico inspiró gran parte de las obras arquitectónicas gubernamentales públicas en oposición al estilo nuevo: el art nouveau también llamado liberty o modernismo.

El arquitecto danés Théófilo Von Hansen fue el creador de una forma arquitectónica nueva, donde unía el sentido clásico majestuoso y austero de las proporciones a las necesidades de los parlamentos modernos, creando dos cuerpos de un edificio de igual importancia (las dos cámaras) unidos con mármoles y esculturas llenos de alegorías.

En cuanto a la ubicación, en un principio se ha- bía designado como mejor lugar la manzana que se encuentra en la hoy Avenida del Libertador Brigadier General Juan Antonio Lavalleja (ex Agraciada), entre las calles Venezuela y Nicaragua, a unos 300 metros del actual emplazamiento, donde hoy funciona el Instituto de Formación Docente y en su momento funcionó la famosa *Femenina*, un instituto y liceo que marcó época en la igualdad e inserción de la mujer en la sociedad uruguaya.

Posteriormente se entendió que ella no era una elección acorde con el destino y la primacía que se le

On June 28, 1902, the General Assembly approved a law to increase budget availability and created the Legislative Palace Committee, firstly chaired by Senator José Batlle y Ordóñez, with Deputy José Serrato acting as Secretary.

An international project contest was convened and its bases were distributed by our representatives abroad. Only 27 projects were submitted before April 15, 1904, including one prepared on board the vessel Magdalena, at berth in the capital's port; the projects were presented to the public on May 4 in the rooms of the Montevideo Atheneum.

The Jury declared the first prize deserted, but recommended to carry out the project called "AGRACIADA" by the Italian architect VITTORIO MEANO, who was then living in Buenos Aires. Meano could never know that he had become the actual winner of the contest, as he was killed in Buenos Aires on June 1st, 1904.

He had stated that his project was designed in a classic style, in an attempt to reach an austere and majestic, although simple creation. He acknowledged the influence of architect Theofilo Hansen and the construction of his monumental REICHSRATHS, the Wien Parliament.

This neo-classic style inspired most of our governmental public works, as opposed to the new style, the art-nouveau, also called liberty or modernism.

Danish architect Theofilo von Hansen was the creator of a new architectural style, where the grand and austere classic sense of proportions merged with the requirements of modern Parliaments; thus, he created two equally important sectors in the building (both Chambers) united by a large central room, richly decorated with marble and allegoric sculptures.

As regards its location, it was initially considered that the best place should be the block in the Avenue of the Libertador Brigadier Juan Antonio Lavalleja (former Agraciada), between Venezuela and Nicaragua streets, 300 meters away from its present location; today, that place is occupied by the Institute for Teaching Formation, formerly Women's Institute and HighSchool, which constituted a landmark for the equality and insertion of women in the Uruguayan society.

Later on, such location was considered not to be in accordance with the destination and magnificence that was intended for the Legislative Palace; there were even some opinions favouring its establishment on the 18 de Julio Avenue.

quería dar al Palacio Legislativo; por ello no fueron pocas las opiniones relativas a que se le buscara una ubicación en la avenida Dieciocho de Julio.

Pero la obra requería de un entorno libre cubierto por jardines que permitieran una visión y perspectiva adecuada.

Por ello primó la idea de usar la entonces Plaza General Flores destinada en aquel tiempo a jardines públicos.

Los planos del proyecto del Arquitecto Meano fueron ampliados y modificados por los Arquitectos Jacobo Vázquez Varela y Antonio Bianchini, uruguayo e italiano respectivamente, al no poder hacerlo éste por haber fallecido.

Las modificaciones presentadas se debieron sobretodo a adaptar los planos al nuevo terreno y frentes que la nueva ubicación da al futuro palacio, así como a ampliar la planta central y ampliar la decoración exterior; las cámaras o salas de sesiones fueron modificadas dejando la forma rectangular para adoptar la forma de hemiciclo o semicircular. Se incorporaron nuevas salas y despachos en virtud de contarse con más superficie a utilizar.

La piedra fundamental fue colocada el 18 de julio de 1906 bajo la presidencia de don José Batlle y Ordóñez al conmemorarse otro aniversario de la jura de la Constitución. En dicho acto el Presidente de la República hizo uso de una cuchara de plata ricamente grabada y labrada para esa ocasión. Conjuntamente con la piedra fundamental fue depositada una caja o cofre donde se encerró el Acta firmada por las autoridades en el acto, copias de Diarios de Sesiones de la Asamblea General, de la Cámara de Senadores y de la Cámara de Diputados, una copia de la Constitución de la República de 1830, actas y le-yes relativas a la construcción del Palacio, nómina de autoridades, sellos y tarjetas postales en circulación, monedas y billetes diarios y revistas de la época, así como una medalla de plata y otra de níquel conmemorativas del evento.

La ubicación de la piedra fundamental surgiría de la propia acta donde dice que: "para recuerdo del presente para los tiempos venideros, en la piedra fundamental que se sitúa debajo de la pilastra dere- cha del pórtico de entrada".

Para conmemorar la ceremonia se imprimieron 10.000 tarjetas postales, tan en boga en esa época y se acuñaron monedas de oro, plata y cobre.

La obra fue iniciada dos años después, el 26 de setiembre de 1908 por la empresa de Manuel y Juan Debernardis, quien fue la adjudicataria,

But the work required an open environment covered by gardens that should allow for an adequate view and perspective.

Therefore, the final resolution was to use the General Flores Square, that was then utilized as public gardens.

As architect Meano had died, his designs were enlarged and modified by architects Jacobo Vazquez Varela and Antonio Bianchini, Uruguayan and Italian respectively.

Such modifications were mainly focused on the adaptation of the designs to the new location and frontside of the future palace, as well as to the extension of the main floor and refurbishing of outer decoration; the rectangular shape of the Chamber or meeting rooms was replaced by a hemicycle or semicircle. The larger area availability resulted in the incorporation of new rooms and offices.

The corner stone was layed on July 18, 1906, during the Presidency of José Batlle y Ordoñez, at the celebration of the Constitution Anniversary. The President of the Republic utilized in that occasion a richly engraved silver spoon. A box or case was deposited together with the cornerstone that contained the Act signed by the authorities at the ceremony, copies of Minutes of Sessions of the General Assembly, of the Chambers of Senators and Deputies, a copy of the 1830 Constitution of the Republic, acts and laws related to the construction of the Palace, list of authorities, circulating stamps, postcards, coins and notes, journals and magazines, as well as two coins, in silver and copper, recalling this event.

The location of the cornerstone was provided for in the Act itself, stating that "... to recall the present in the future by means of the cornerstone placed under the right pilaster of the entry gate".

10.000 postcards, as it was fashionable at that time, were printed to commemorate this ceremony, together with gold, silver and copper coins.

The works were started two years later, on September 26, 1908, by the grantee company, Manuel and Juan Debernardis. The magnitude of the works obliged the contractors to travel to Europe for purchasing machinery and hiring mason masters. Engineer Giuseppe Foglia was in charge of the technical direction.

But the original design of the building had not its present luxury and majesty: its outer marble reveting was not foreseen yet.

There were many voices heard in the sense of giving the site of the

y quien construyó el Palacio. La magnitud de la obra a emprender hizo que los contratistas fueran a Europa a adquirir maquinaria y a traer algunos maestros albañiles. La dirección técnica fue del Ingeniero José Foglia.

Pero en su concepción original el edificio no tenía el lujo y la majestuosidad que ahora presenta: no estaba previsto el revestimiento exterior en mármol.

Muchas eran las voces que manifestaban el deseo de darle a la sede del Poder Legislativo una ma- jestuosidad mayor, pero entre ellas fue fundamental la del nuevamente Presidente de la República José Batlle y Ordóñez, quien manifestó su deseo de reves-tir ese gran edificio en mármoles.

En 1912 la obra de mampostería del edificio estaba terminada.

A los efectos de revestir al Palacio de la preeminencia que se le quería dar, se buscó por la Comisión del Palacio un arquitecto que uniera a su calidad téc- nica la sensibilidad del artista y cuyos antecedentes aseguraran contar con alguien que aportara experiencia y sabiduría.

En 1913 se hallaba en Buenos Aires el Arquitecto italiano CAYETANO MORETTI, quien, en virtud de haber ganado un reñidísimo concurso internacional, conjuntamente con el escultor Luis Brizzolara, se encontraba dirigiendo las obras del enorme "Monumento a la Independencia Argentina". Obra que en definitiva no se llevó a cabo por sus enormes costos y de ella sólo queda el gran basamento. En abril de ese mismo año Mo- retti quedó vinculado para siempre a la historia del Palacio Legislativo y al arte en Uruguay. Para cumplir con sus tareas montó un enorme taller en Milán, con arquitectos auxiliares, artistas y dibujantes que bajo su dirección produjeron una enorme cantidad de dibujos, planos, cortes y perspectivas, modelos, cálculos detalles y hasta una *maquette*.

Como sus representantes en Uruguay, Moretti primero designó a Camilo Gardelle y posteriormente a Darío Pedroni, quien se radicó en Uruguay y fue fiel ejecutor de sus órdenes.

Pero fue el Arquitecto Eugenio Baroffio, un colaborador convertido en amigo, quien fue la mano ejecutora y consejero del gran arquitecto italiano.

El arquitecto Cayetano Moretti fue uno de los ar- quitectos más destacados de su época, conservador de los monumentos y obras de Lombardía y Veneto (entre otras obras emprendidas lo fue la reconstrucción del Campanile de la Plaza San Marcos de

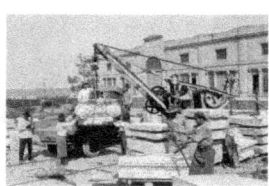

Legislative Power a greatest majesty, among which the decisive view of the President of the Republic, José Batlle y Ordoñez, who stated his wish to revet the building in marble.

The masonry of the building was finished in 1912. In order to provide the Palace with the intended grandeur, the Palace Committee tried to find an architect who had the necessary technical capacity together with artistic sensitiveness and a background of expertise and knowledge.

The Italian architect GAETANO MORETTI was in Buenos Aires in 1913, after winning a hardfought international contest together with the sculptor Luigi Brizzolara. He was then conducting the works of the huge "Monument to Argenthe Independence", that finally was not accomplished due to its enormous cost and of which only the large foundations remain.

In April of that year, Moretti became related forever to the history of the Legislative Palace and to the art in Uruguay.

In order to carry out his work, he established a huge workshop in Milan, with assistant architects, artists and drawers who, under his conduction, prepared a large amount of drawings, plans, cuts, perspectives, models, calculations and even a whole maquette of the building.

Moretti firstly appointed Camilo Gardelle as his representative in Uruguay, and later on Darío Pedroni, who stayed in Uruguay and faithfully carried out his instructions.

But the great Italian architect found his executing hand in architect Eugenio Baroffio, an assistant who became a friend.

Gaetano Moretti was one of the most outstanding architects of his time, preserving the monuments and works of Lombardia and Veneto (among others, the recovery of the Campanile in the San Marcos Square at Venice), winner of the international contest for building the Altare to the memory of Pope Leon XIII, in the monumental Chiavari Cemetery, and his most

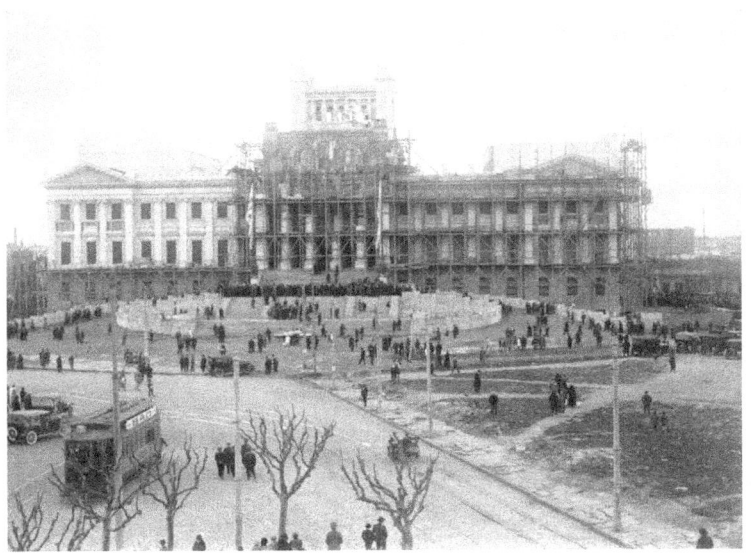

Venecia), ganador del concurso internacional para el Altar en memoria del Papa León XIII; del Cementerio Monumental de Chiavari y su obra más recordada la Central Hidroeléctrica de Trezzo d' Adda y terminó siendo el primer Decano de la Facultad de Arquitectura de Brera.

Moretti se encuentra ante un edificio alzado al que poco podía modificar, pues su estructura estaba terminada y debió asumir la decoración y el embellecimiento de un planteo geométrico y arquitectónico que no era el suyo, pero al que dio lo mejor de sí.

Moretti, justamente por sus antecedentes, no podía clasificarse de neoclásico ni de barroco, es un ecléctico que maneja con destreza artística la geometría de los volúmenes, sin imitar el pasado pero embuido en él.

Moretti encaró el trabajo con entusiasmo y dedicación. En la ciudad de Milán contrató arquitectos auxiliares, artistas y artesanos para realizar los trabajos de decoración y embellecimiento del Palacio.

significant work, the Trezzo d'Adda Hydroelectric Dam; he finally became the first Dean of the Architecture College at Brera.

Moretti faced a building that allowed for very little modification as the structure was already finished, and the need to undertake the embellishment and decoration of a geometric design that was not his own; nevertheless, he did his best effort. Moretti's background was neither neoclassic nor baroque, but he was rather an eclectic who handled the geometry of volumes with artistic skill, without imitating the past but feeling its influence.

Moretti undertook his work with enthusiasm and devotion. He hired assistant architects, artists and artisans in Milan to carry out the decoration and embellishment of the Palace.

He worked on the structure that was already completed, but introducing important changes and modifications; he created the main structure on top of

Trabajó sobre la estructura y a terminada pero le introdujo grandes cambios y reformas, creó el cuerpo central que corona al Palacio y le dió a éste una altura y proporción que carecía en los planos originales, revistió al edificio de mármoles y le dio la lujosa y artística decoración que se encuentra en to- dos sus ambientes; y todo lo hizo sin perder de vista la funcionalidad que el mismo tenía que asumir y el destino que debía cumplir.

La base de toda la construcción fue realizada en ladrillo silicocalcáreo.

En cuanto al revestimiento y decoración del Palacio, se usó mármoles nacionales provenientes de las Canteras de Burgueño, llamadas comercialmente "Nueva Carrara", ubicadas en el departamento de Maldonado. El uso de dichos mármoles nacionales no se hizo sin polémica, pues hubo autorizadas voces, entre ellas la del científico Profesor Karl Walther, que sostenían que el material empleado no ofrecía resistencia suficiente a los agentes atmosféricos y que su deterioro iba a ser rápido y no soportaría el paso del tiempo. Pero, se realizaron nuevos estudios en el Regio Instituto Técnico Superior de Milán, en el Instituto de ensayo de materiales de la Facultad de Ingeniería de Montevideo y en la Universidad de Lausana (Suiza) que decidieron a la Comisión del Pa- lacio su uso. El tiempo, casi un siglo, ubica la razón en una equidistante posición: los mármoles no han sufrido un deterioro importante, pero los agentes atmosféricos lo han vuelto en parte quebradizo y re- quiere refacciones menores.

Pero recordemos que el mármol es una roca cons- tituida por carbonato de calcio que, por su propia constitución, es afectada por las aguas pluviales y los agentes atmosféricos, incluidos los que provienen de la poludón de la vida moderna y que no existe mármol en el mundo que no se vea atacado por ellos. Los már- moles uruguayos son de muy buena calidad y tienen una razonable durabilidad, dureza y consistencia.

Los trabajos fueron demorados y entorpecidos por la Primera Guerra Mundial que durante cinco años dificultó las comunicaciones y frenó la llegada de ma- teriales extranjeros. También llevaron demoras varios conflictos obreros, con huelgas tanto entre los propios trabajadores del Palacio como en las empresas con- tratistas, y subcontratistas; recuérdese que durante su realización se implantó en nuestro país la jornada de 8 horas de trabajo y otras muchas conquistas obreras.

the Palace and provided it with a size and proportion that was lacking in the original plans, he coated the building with marble and created the luxurious and artistic decoration of all its premises; all this was accomplished without disregarding their practical use and future functios.

The grounds of the whole construction were in silicic-calcareous brick.

National marble from the Burgueño quarry in Maldonado, commercially called "New Carrara", was utilized for reveting and decorating the Palace. The use of such national marble did notgo undiscussed as there were some authorized opinions, among which the scientist Professor Karl Walther, who sustained that this material did notoffer an adequate resistance to atmospheric agents and would deteriorate promptly without bearing the action of time. However, new studies were carried out at the Royal High Technical Institute of Milan,at the materials' test Institute of the Montevideo Engineering School and at the Lausanne University (Switzerland), resulting in their adoption by the Palace Committee.

Time that went by, almost a century, showed that the right position was somewhere in between:marbles have not deriorated significantly, although atmospheric agents have turned it fragile and it requires minor repairs.

But it should be noted that marble is a kind of lrock formed by calcium carbonate which, due to its constitution itself, is affected by rainfallandtmospheric agents, including those deriving from   modern pollution, and no marble in the world is free ofbeing affected by them. Uruguayan marble is of a very high quality and has a reasonable duration, hardness and consistence.

The works were delayed and hindered by the First World War that for five years made communications difficult and discontinued the arrival of materials from abroad. There were also delays caused by labor conflicts and strikes of the Palace's workers themselves as well as of contracting companies;it must be noted that during this construction the 8-hour working day and several other labordevelopments were adopted.

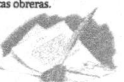

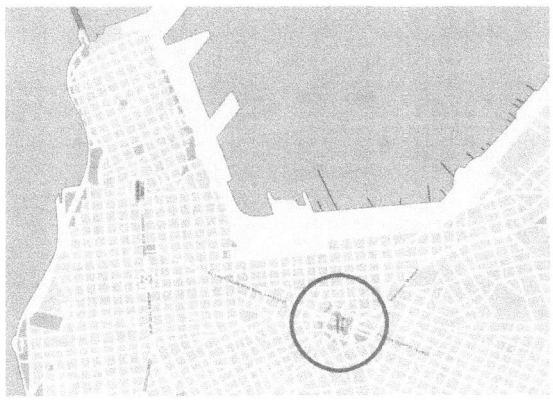

Ubicación y entorno

El Palacio Legislativo se encuentra situado en los límites del Barrio de Montevideo de La Aguada, a corta distancia del centro de la ciudad.

Está rodeado de un enjardinado entorno, así como de espacios abiertos destinados a estacionamientos, necesarios por la cantidad de personas que a él acuden a trabajar a diario, así como quienes visi- tan el Palacio por diferentes motivos.

A la Avenida de las Leyes que rodea el edificio desembocan diez calles y avenidas, siendo las principales: la Avenida del Libertador Brigadier General Juan Antonio Lavalleja, que lo une con el centro de la ciudad; la Avenida Agraciada a los tradicionales ba- rrios del Prado y Paso del Molino; la Avenida General Flores, al barrio del Cerrito de la Victoria; la calle Ho- cquart, a los barrios La Comerdal y La Blanqueada; y la calle Fernández Crespo, al del Cordón.

En virtud de las nuevas necesidades que la actuación armoniosa del Poder Legislativo requiere, fue necesario un complejo de oficinas donde los legisla- dores pudieran realizar sus tareas con comodidad. A los efectos se construyó el Edificio de las Comisiones, al costado del Palacio Legislativo y separado de él, por la Avenida de las leyes, pero unido por un subte- rráneo que corre por debajo de la mencionada Aveni- da y que permite la vinculación entre ambos edificios

Location and environment

The Legislative Palace is located in the limits of the Montevidean neighbourhood of La Aguada, close to downtown.

It is surrounded by gardens and open spaces for parking that are necessary due to the number of people working there daily as well as those visiting the Palace for various reasons.

Ten streets and avenues lead to the Avenida de las Leyes (Laws Avenue) the main of which are Avenue Libertador Brigadier General Juan Antonio Lavalleja that connects it to downtown, Agraciada Avenue that links it to the traditional Prado and Paso del Molino neighbourhoods, General Flores Avenue connecting it to Cerrito de la Victoria neighbourhood. Fernández Crespo street linking it to the Cordon neighbourhood and Hocquart street, that relates it to La Comercialand La Blanqueada neighbourhoods.

Due to the new needs for the harmonic activity of the Legislative Palace, it was necessary to create a structure of offices where the legislators could carry out their work with comfort. The COMMITTEES BUILDING was built for such purpose, neighbour to the Legislative Palace and separated from it by the Avenida de las Leyes, both connected by a tunnel under that Avenue that enables the linkage between both buildings without leaving the premises. That

sin necesidad de salir al exterior. Dicho edificio, verdadero anexo moderno del Palacio Legislativo está provisto de todos los adelantos modernos y por su construcción y disposición, permite tanto el trabajo individual de los legisladores, como las reuniones por bancadas políticas y los trabajos de las distintas comisiones legislativas y sus asesores.

Pero el Palacio Legislativo no alberga solamente a los legisladores, sino también a los colaboradores, a los servicios administrativos, contables, de personal, de vigilancia y seguridad, porteros y conserjes, ascensoristas, oficinas de prensa, protocolo, visitas guiadas, traductorado, asesores jurídicos, notariales, médicos, bibliotecarios, publicaciones, de mantenimiento, telefonistas, electricistas, pintores, albañiles, carpinteros, ingenieros en computación, cafetería, guardería, etc..

Esculturas y decoraciones exteriores, grupos escultóricos

A nivel de las veredas y dentro de los jardines exteriores del Palacio se encuentran cuatro grupos escultóricos monumentales en bronce que representan "La Ley" y "La Justicia", "La Ciencia" y "El Trabajo"; los primeros en la fachada sur, que da frente a la Avenida del Libertador y los dos últimos en la fachada norte, frente a la Avenida General Flores.

El autor fue el escultor milanés Giannino Castiglioni (1884-1971), uno de los principales de este siglo, dueño de fama universal. Obras suyas se encuentran en Italia, España, Bélgica, Estados Unidos, Argentina y Uruguay, entre otros países. Entre sus muchas obras destacaremos solamente la gran puerta monumental del Duomo de Milán de 1950; el monumento a la Victoria de 1918, Magenta de 1925, la estatua yacente de Pío XI en las Grutas Vaticanas, de 1941, la base para la urna de los restos mortuorios de Alessandro Manzoni de Milán, de 1955, el mausoleo de Antonio Bernocchi, de 1933 (su obra maestra, una columna perforada en espiral que se eleva al cielo con más de cien figuras).

Castiglioni se integró a los trabajos de embellecimiento y decoración de nuestro Palacio Legislativo a instancias del arquitecto Moretti, quien lo alentó a su- marse a los concursos internacionales para las obras de arte, esculturas y bajo relieves que adornan el edi- ficio. Fue así como Castiglioni participó y venció en el concurso organizado por la Comisión del Palacio.

Originalmente estos grandes grupos escultóricos se habían pensado en realizar en mármol y a tales efectos ya estaban elegidos y separados en la cantera

building, a true modern annex of the Legislative Palace, counts on all the updated facilities, and both its construction and array allow for the individual work of legislators as well as the meetings of political groups and the action of the various legislative committees and their advisors.

But the Legislative Palace not only provides room for legislators, but also for their assistants, administrative services, accounting office, personnel office, security services, porters and ushers, elevator operators, press office, protocol, visiting tours, translation, legal, notary and accounting counsel, doctors, librarians, publications office, architects, maintenance services, phone operators, electricians, painters, mason workers, carpenters, computers' staff, photocopies, cafeteria and child-care services, etc.

Outer sculptures and decoration

At the level of the sidewalks and inside the outer gardens of the Palace, there are four monumental sculptural bronze groups that represent "Law", "Justice", "Science" and "Labor"; the first two are on the Southern side, in front of Del Libertador Avenue and the remaining two are on the Northern side in front of General Flores Avenue.

Their author was the sculptor GIANNINO CASTIGLIONI (1884-1971) from Milan, one of the main sculptors of this century, of worldwide reputation. Other creations of his can be found in Italy, Spain, Belgium, the United States, Argentina and Uruguay, among other countries. Among his various creations, the following should be mentioned: the great monumental door of the Milan Duomo in 1950; the Monument to Victory in 1918; Magenta in 1925; the lying Statue of Pio XI in the Vatican Galleries in 1941; the foundation for the casket containing the remains of Alessandro Manzoni in Milan in 1955; the Mausoleum of Antonio Bernocchi in 1933 (his masterpiece, a spiraling perforated column that raises into the sky decorated with over a hundred figures).

Castiglioni incorporated to the embellishment and decoration works in our Legislative Palace urged by architect Moretti, who encouraged him to participate in the international contests for the works of art, sculptures and bas-reliefs of the building. Thus, Castiglioni participated and won the contest organized by the Palace Committee.

Originally, these huge sculptured groups had been conceived in marble, and the corresponding

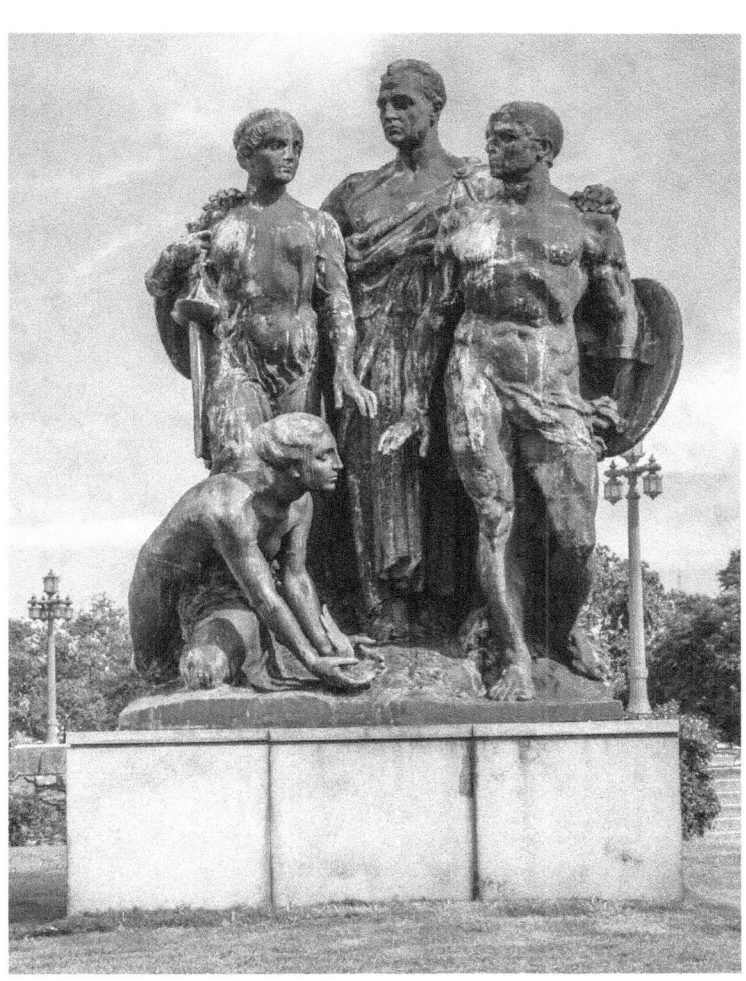

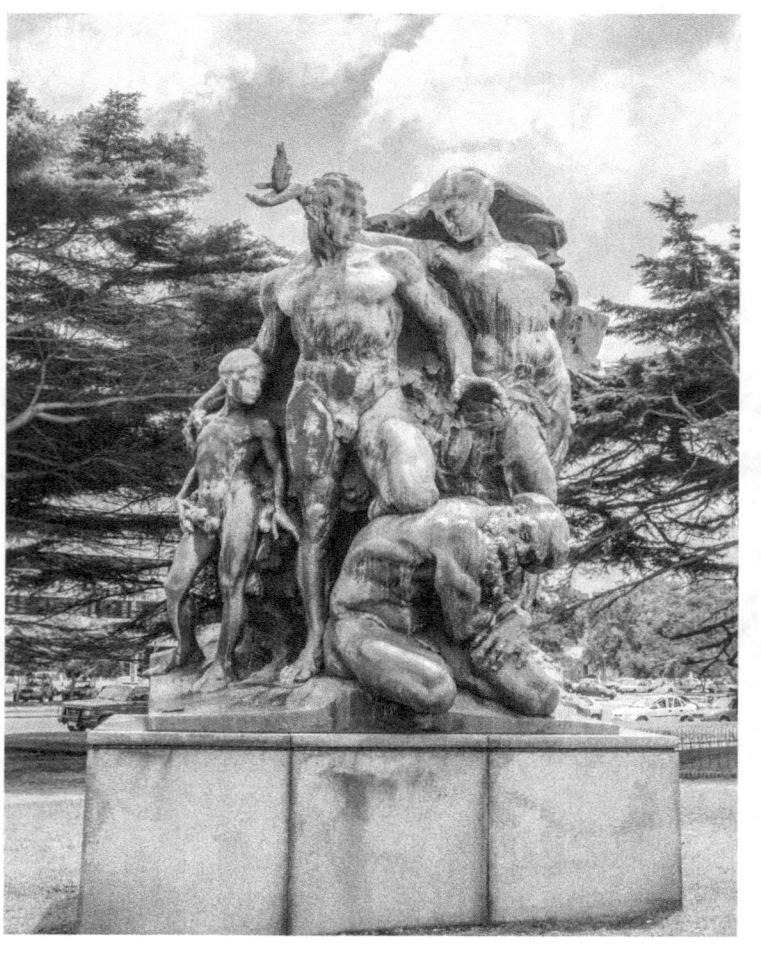

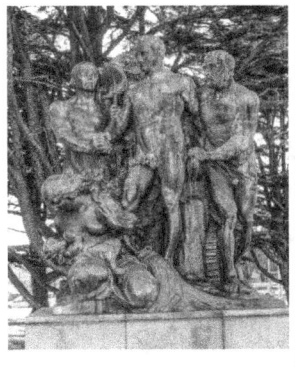 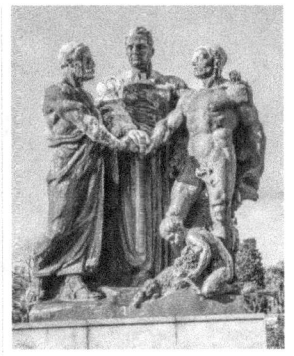

de Burgueño los bloques de mármol para realizarlos. Castiglioni había enviado los originales en yeso para que luego aquí se esculpieran en marmol las piezas definitivas. Los yesos originales permanecieron en los depósitos del Palacio desde 1925. Ante la imposibilidad de encontrar artesanos y artistas que en Uruguay pudieran llevar dichas obras al mármol es que la Comisión del Palacio decidió, con la anuencia del propio Castiglioni, verterlas en bronce, lo que se hizo no sin dificultades por el deterioro de los originales que fueron reconstruídos por el escultor uruguayo Luis Ricobaldi. El último de los grupos fue colocado en 1972 en su actual emplazamiento. Estas cuatro grandes esculturas tienen una enorme fuerza expresiva y una gran calidad artística que se realza en la armonía del conjunto, que lamentablemente el propio color del bronce no permite apreciar en todo su valor. Quizás se debería realzar las esculturas cu- briéndolas con pátinas o pinturas como se está rea- lizando en estos últimos años en valiosos monumen- tos y esculturas europeos y americanos.

Un particular del grupo escultórico "El Trabajo", se aprecia en una obra llevada a cabo por alumnos de la Escuela de Artes Aplicadas bajo la dirección de los escultores Russo y Giammarchi, es la figura de "La Madre" realizado en cemento. Esta obra se encuen- tra en los jardines exteriores del Palacio cruzando la Avenida de las Leyes.

blocks had already been selected and kept at the Burgueño quarry for such purpose. Castiglioni had sent the plaster originals to have the final pieces made here in marble. The original plaster pieces remained stored at the Palace since 1925. As it was impossible to find in Uruguay artisans and artists able to transfer such pieces into marble, the Palace Committee decided, with the approval of Castiglioni, to make them in bronze. This was not easy due to the deterioration of the originals which had to be repaired by the Uruguayan sculptor Luis Ricobaldi. The last group was placed in its present location in 1972.

This four huge sculptures have a tremendous expressive strength and a high artistic quality that is highlighted by the harmony of the whole, although the natural colour of bronze does not allow for its full appreciation. Perhaps the sculptures could be improved coating or painting them as it has been recently done on valuable European and American monuments and sculptures.

A particular detail of the "Labor" sculptural group may be seen in a piece made by pupils of the School of Applied Arts under the direction of sculptors Russo and Giammarchi: it is the figure of the Mother made in concrete. This piece is located in the gardens of the Palace across the Avenida de las Leyes.

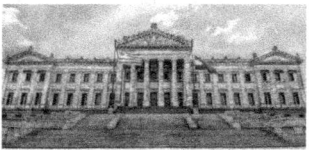

Moretti modificó los planos originales de Meano que ya habían sufrido modificaciones por los arquitectos Vázquez Varela y Banquini.

Le dio a todo el conjunto grandeza y monumentalidad plasmándole un gran descanso o respiro.

La gran escalinata presta majestuosidad a todo el conjunto blanco del Palacio aligerando su horizontalidad y otorgando al edificio la armonía visual de la continui- dad del alto ático que culmina en la espectacular linterna.

Esta es la vista más hermosa del Palacio Legislativo, que se yergue imponente donde la visión es espectacular, desde lo alto de la Avenida del Libertador.

Dos hermosas astas portabanderas alhajan la escalinata. Los motivos que ornan las bases de las grandes astas fueron realizados asímismo por el escultor Castiglioni, quien realizó esas magníficas figuras de niños que entrelazan ramos de rosas y laureles. En cuanto a los medallones, las guardas y otros elemen- tos decorativos que lucen las mismas bases de las astas no son de Castiglioni sino de los escultores ita- lianos Varlonga y Alessandro Mazzacotelli.

Debajo del pronaos y detrás de la escalinata principal se encuentra un pasaje cubierto que da ac- ceso a otras escalinatas, estas sí, internas, una que permite llegar desde el nivel de la calle a la planta principal del Palacio y otra al subsuelo.

Se accede a la planta principal por una escalinata interna, realizada en mármol negro uruguayo que termina en tres grandes puertas de cristal y roble al corredor de circulación.

La escalinata principal está, como dijimos, interrumpida por un descanso, que desde el nivel de la calle se oculta en la visual que se eleva. Por ese descanso pasa una senda vehicular amplia que permite el acceso al segundo tramo de dicha escalinata que culmina en las seis grandes columnas que sostienen el tímpano del pórtico central.

Moretti modificó los planos originales de Meano que ya habían sufrido modificaciones por los arquitectos Vázquez Varela y Banquini.

Le dio a todo el conjunto grandeza y monumentalidad plasmándole un gran descanso o respiro.

La gran escalinata presta majestuosidad a todo el conjunto blanco del Palacio aligerando su horizontalidad y otorgando al edificio la armonía visual de la continuidad del alto ático que culmina en la espectacular linterna.

Esta es la vista más hermosa del Palacio Legislativo, que se yergue imponente donde la visión es espectacular, desde lo alto de la Avenida del Libertador.

Dos hermosas astas portabanderas alhajan la escalinata. Los motivos que ornan las bases de las grandes astas fueron realizados asímismo por el escultor Castiglioni, quien realizó esas magníficas figu- ras de niños que entrelazan ramos de rosas y laure- les. En cuanto a los medallones, las guardas y otros elementos decorativos que lucen las mismas bases de las astas no son de Castiglioni sino de los escul- tores italianos Varlonga y Alessandro Mazzacotelli.

Debajo del pronaos y detrás de la escalinata principal se encuentra un pasaje cubierto que da ac- ceso a otras escalinatas, estas sí, internas, una que permite llegar desde el nivel de la calle a la planta principal del Palacio y otra al subsuelo.

Se accede a la planta principal por una escalinata interna, realizada en mármol negro uruguayo que termina en tres grandes puertas de cristal y roble al corredor de circulación.

La escalinata principal está, como dijimos, interrumpida por un descanso, que desde el nivel de la calle se oculta en la visual que se eleva. Por ese des- canso pasa una senda vehicular amplia que permite el acceso al segundo tramo de dicha escalinata que culmina en las seis grandes columnas que sostienen el tímpano del pórtico central.

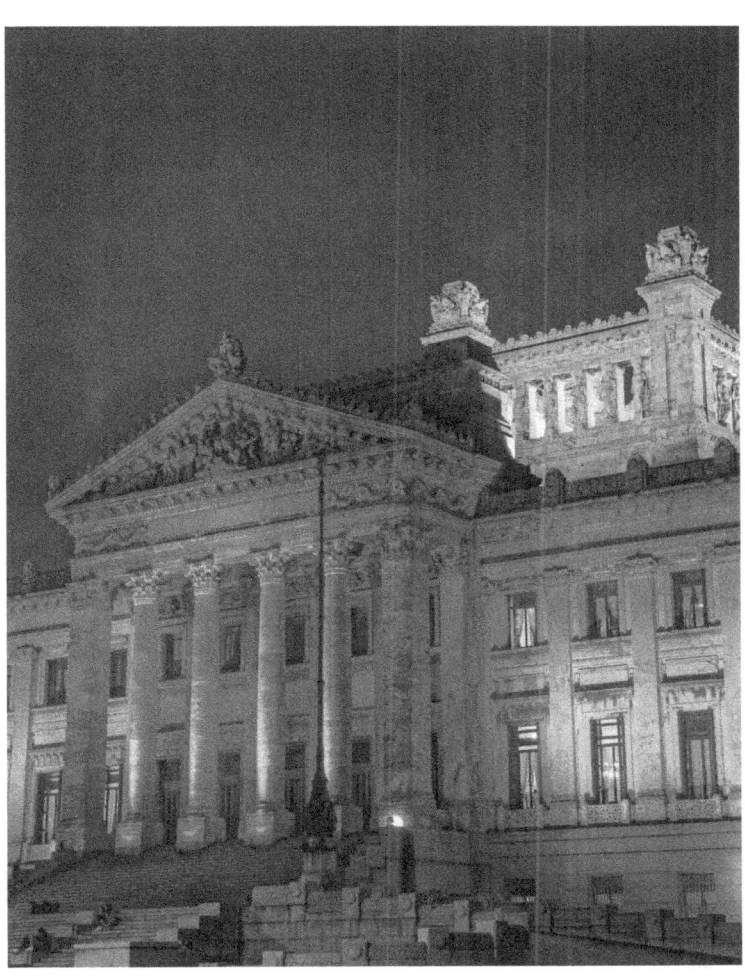

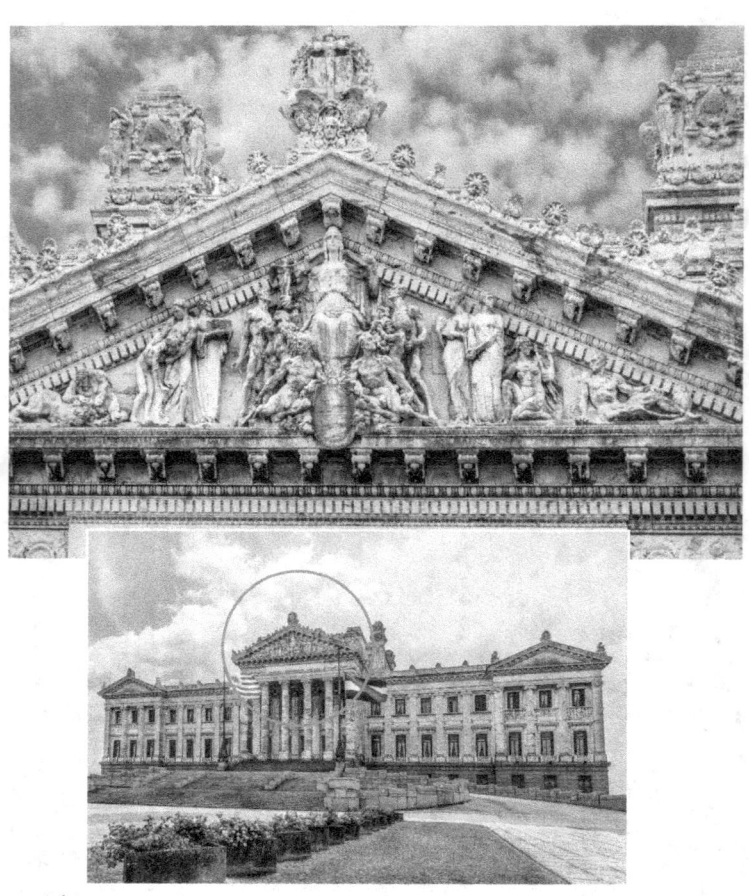

*Tímpano central del frontis
de la fachada principal*

En lo alto de la gran escalinata se levantan las columnas del pronaos hasta trece metros de altura, sosteniendo el robusto frontón del cuerpo central cuyo tímpano está ricamente adornado.

Las esculturas que adornan el tímpano del frontis forman el más importante grupo escultórico del Palacio.

Sus dimensiones son las siguientes: superficie 22 metros, 94 decímetros; alto máximo del triángulo 3 metros, 10 centímetros; largo máximo del triángulo 14 metros, 80 centímetros.

Castiglioni fue el vencedor del concurso a cubrirlo, habiendo obtenido el segundo lugar en dicho concurso nuestro escultor nacional José Belloni.

Castiglioni resolvió el difícil problema de crear una escultura que tuviera la fuerza necesaria dentro de la estructura de las líneas del Palacio y el propio frontis. La propia orientación del frontis al Sur obligaba a crear figuras de gran resalte que permitieran el juego del claroscuro y no quedaran sumidas o escondidas dentro del fuerte cornisamento que las propias líneas del Palacio y el frontis presentaban.

El escultor, para ello, se inspiró en la más vieja y pura tradición escultórica griega plasmada en los in- mortales templos de Atenas, Olimpia y Corfú adap- tados a la escultura occidental moderna. El escultor, en la Memoria que acompaña el boceto ganador del concurso, da la interpretación de los símbolos que plasmó en la monumental escultura.

En el centro del tímpano se alza una gran figura femenina que simboliza la Patria que en su mano derecha sostiene una Victoria Alada, mientras su mano izquierda se levanta para apoyarse en una lan- za inexistente; esta figura que recuerda a Palas Ate- nea, tiene en vez de casco guerrero, el republicano gorro frigio. La figura central está rodeada de cuatro personajes que representan: el amor, la veneración, la generosidad y la fe. A los pies de la Patria están dos figuras viriles que sostienen el Escudo Patrio y simbolizan la tutela y la gloria de la nación. Con me- nor relieve y destaque, a la izquierda, hay una figura de mujer, siempre en vestiduras greco romanas, con un cofre en sus manos que representa la riqueza del país. Más hacia la izquierda dos figuras masculinas, una que sostiene a la otra que representan el Progre- so que busca entusiasmar e incitar a los desposeídos. El extremo izquierdo finaliza con un león, que repre- senta las fuerzas adversas de la nación, dominado por un poderoso Hércules, que representa a las fuer- zas armadas de la Patria.

*Central pediment
on the frontis
of the main facade*

The pronaos columns raise 13 meters high at the top of the great stairway, holding the robust central frontpiece with a richly decorated pediment.

The sculptures decorating the frontis pediment constitute the most important sculptural group in the Palace.

Their size is the following: area 22,94 mtrs; maximum height of the triangle 3,10 mtrs, maximum length of the triangle 14,80 mtrs.

Castiglioni won the corresponding contest, while our national sculptor José Belloni obtained the second place.

Castiglioni solved the difficult problem of creating a sculpture with the necessary strength within the design structure of the Palace and the frontis itself. The orientation of the frontis, towards the South, obliged to create highlighted figures providing a light-and-shade contrast instead of remaining opaque or hidden by tstrong entablature of the Palace and frontis lines.

For such purpose, the sculptor was inspired in the most ancient and pure Greek sculptural tradition as prevailing in the immortal temples of Athenes, Olympia and Corfu, adapting them to the modern Western culture. The sculptor included in his descriptive report, enclosed to the design that won the contest, the interpretation of the symbols to be engraved in the monumental sculpture.

At the center of the pediment there is a huge female figure as a symbol of Fatherland that holds a flying Victory in its right hand, while its lefthand raises to hold a nonexisting pear; this figure reminds of Palas Athenea, replacing the warrior 'shelmet by a Republican phrygian cap. This central figure is surrounded by four pieces representing love, veneration, generosity and faith. At the feet of Fatherland there are two male figures holding the national coat of arms, as a symbol of the nation's protection and glory. To the left, less outstanding, a female figure, always dressed in Greek-Roman garments, holds a case that represents the wealth of the country. More to the left, two male figures holding each other represent Progress trying to encourage and incentivate the underprivileged. The left end is decorated with a lior, representing forces opposed to the Nation, dominated by a powerful Hercules, representing the national armed forces.

A la derecha el grupo central que encuadra se ve a la Patria, se ve a la Historia, con un libro en la mano y al Arte: luego un bellísimo desnudo de mujer que apo- ya una rodilla en el suelo y representa a la Poesía que libera y enaltece al Pueblo, representado por un des- nudo masculino y cierra la composición una lechuza que representa la prudencia, la sabiduría y la ciencia.

Castiglioni nunca vino a Montevideo, pero envió los modelos en yeso en su tamaño definitivo en 1923. En Uruguay expertos marmolistas bajo la dirección del tallador y escultor italiano Pasquino Bacci vertieron al mármol los modelos de Castiglioni, siempre con material de las canteras de "Nueva Carrara", del departamento de Maldonado.

At the right of the main group that frames Fatherland, there is History, holding a book in its hand, and Art; also, a most beautiful naked woman kneeling on the floor that represents Poetry that frees and exalts people, represented by a naked male figure;the piece is finished by an owl, representing caution,wisdom and science.

Castiglioni never visited Montevideo, but sent the plaster models in their final size in 1923. In Uruguay, marble experts under the conduction of the Italian carver and sculptor Paschino Bacci made Castiglioni's models into marble, with material from the "New Carrara" quary in Maldonado.

Bajorrelieves de la fachada principal

En los extremos de la fachada principal, avanzan dos cuerpos enmarcados en cuatro columnas cada uno sosteniendo frisos lisos.

Bajo las ventanas del piso superior lucen tres bajorelieves, los mismos son obra del escultor uruguayo José Leoncio Belloni (1882-1965), uno de los máximos escultores nacionales. Entre sus obras figuran "La Diligencia", ubicada en el Prado, "La Carreta", hermoso ensemble situado en el Parque José Batlle y Ordóñez, "El Entrevero" ubicado en una plaza sobre la Avenida 18 de Julio que lleva el nombre del impre- sionante conjunto y muchos más, tanto en América, como en Europa.

Bas-reliefs on the main façade

On both ends of the main facade there are two sectors framed by four columns each of which holds plain friezes.

Under the windows of the upper floor there are three bas reliefs made by the Uruguay sculptorJosé Leoncio Belloni (1882-1965), one of the greatestnational sculptors. Among his creations mention should be made to "La Diligencia" located in the Prado, "La Carreta", a beautiful ensemble in the José Batlle y Ordóñez Park, "El Entrevero", an impressive group located in a square on the 18 de Julio Avenue,and a lot more, both in America and Europe.

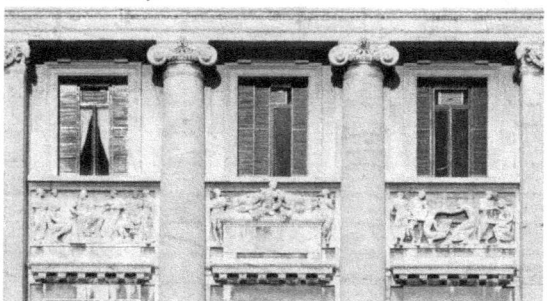

La composición formada por los tres bajorrelieves de la derecha está presidida en el centro por una fi- gura a medio erguir, símbolo de la Fraternidad que aúna con su brazo y su afecto a dos bellas figuras de hombre y de mujer que simbolizan, ella el trabajo del campo y él, el trabajo de la ciudad que son la fuente productora de la nación que nos da una vida sana. A la izquierda los hijos de la patria juran fidelidad a la Cons titución y a la derecha el Pueblo rinde homenaje al escudo nacional que protege la vida y el trabajo.

La composición formada por los tres bajorrelieves de la izquierda tiene en su centro dos figuras de hombre y de mujer jóvenes simbolizando la belleza y la pujanza del país sostienen una corona de gloria que sirve de halo a una Victoria Alada que a su vez sostiene en sus manos una corona triunfal. A la izquierda está la Defensa de la Libertad que el pueblo cumple con su trabajo, su intelecto y sus armas. A la derecha está la Devoción a la Bandera profesada por el pueblo.

Belloni hizo los originales de yeso que el escultor italiano Aristide Bassi (1875-1942) llevó al mármol.

The creation formed by the three bas-reliefs on the right is centered by a half-erected figure presenting Fraternity that holds with its arm and affection two beautiful male and female figures respectively representing the labor in the city and in the countryas the productive sources of the nation which provide us a healthy life. To the left Fatherland's children make their allegiance oath to the Cons titution, and to the right, the People render hommage to the national emblem that protects their life and work.

The piece formed by the bas-reliefs on the left shows two figures in its center, young man and woman, as a symbol of the beauty and thrust of the country, who hold a crown of glory on a flying Victory that, on its turn, holds the crown of triumph. The Defense of Liberty, achieved by the People with its work, intelligence and weapons, is on the left. On the right, people's Devotion to the National banner.

Belloni prepared the plaster originals that were made into marble by the Italian sculptor Aristide Bas si (1875-1942).

Bajorrelieves de la fachada posterior

La fachada posterior que da frente a la Avenida Ge-neral Flores es obra del escultor italiano Arístide Bassi, quien realizó muchos trabajos en Italia y en Uruguay. Dicha obra se hizo bajo encargo de la Co- misión del Palacio.

Bas-reliefs on the back facade

The back facade on General Flores Avenue shows basreliefs that are a creation of the Italian sculptor Aristide Bas si, who carried out several works in Italyand Uruguay. This was made at the request of the Palace Committee.

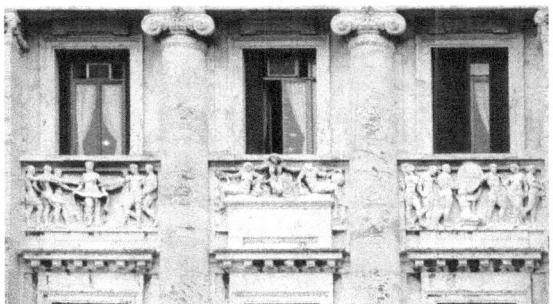

Los trabajos de Bassi también incluyen claros mensajes simbólicos así como un lirismo poético que, proviniendo de su educación italiana, plasma temas universales, en formas uruguayas.

En los bajorrelieves del cuerpo avanzado de la izquierda de un lado figura: la composición "El Maestro" con una silueta patriarcal rodeado de un conjunto de jóvenes atentos a sus enseñanzas; del otro lado la composición "La Prensa", resuelta por Bassi en eficaces formas plásticas de gran valor artístico. Y, entre ambos temas, una composición en cuyo centro una adolescente domina a dos pumas que bajan ante ella sus cabezas, rodeada por dos figuras: masculina y femenina.

En el cuerpo avanzado de la derecha, la composición "Los forjadores " y "La Fundición", relieves de fuerte modelado y los más logrados, en ellos Bassi muestra su gran conocimiento de la anatomía huma- na en una expresión de plasticidad maestra. Entre estos dos relieves repite el tema de las tres figuras, hombre, mujer y adolescente, los dos pumas y guir- naldas que representan a la belleza y la juventud triunfando sobre la fuerza y la barbarie.

Bassi's works also include clear symbols and a poetic lyrism that have their origin in his Italian education, but reflect universal topics under Uruguay forms.

The bas-reliefs on the first sector of the left show on one side the creation " The Teacher" as a patriarchal figure surrounded by a group of young people paying attention to his teachings; on the other side, the piece "The Press" was resolved by Bassi in effective plastic forms of a great artistic value. Between both, a piece centered by an adolescent girl dominating two lions which lower their heads before her, and surrounded by two figures, male and female.

On the advanced right sector, the group "the forgers" and "the foundry" show strongly modelled reliefs, reflecting Bassi's great knowledge of human atomy in an expression of masterly plasticity. Between both, the topic of the three figures man, woman and adolescent, is reiterated, with the two lions and flower crowns, representing the triunph of beauty and youth on force and barbarism.

Bajorrelieves de las fachadas laterales

Bas-reliefs on the side facades

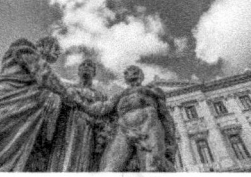

Las composiciones existentes en los frentes Este y Oeste, respectivamente ingreso a la Cámara de Senadores e ingreso a la Cámara de Diputados son obra del escultor uru- guayo Gervasio Furest Muñoz, a solicitud de la Comisión del Palacio en 1924. El escultor compa- triota logró en ambos tra-bajos esculturas de una exquisita belleza y serenidad exaltando los trabajos del campo y sus frutos.

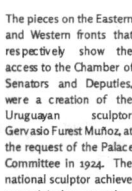

The pieces on the Eastern and Western fronts that respectively show the access to the Chamber of Senators and Deputies, were a creation of the Uruguayan sculptor Gervasio Furest Muñoz, at the request of the Palace Committee in 1924. The national sculptor achieve a exquisite beauty and peace in both creations, in an exaltation of country work and its fruits.

Sobre la entrada de la Cámara de Senadores (fachada Este), el escultor exalta los trabajos del campo y de la ganadería en especial; en su centro se representa un rito sacrificatorio de raíz pagana, mientras jóvenes de ambos sexos enarbolan los instrumentos de labranza del campo.

Sobre la entrada de la Cámara de Diputados el escultor produce una composición más calma donde de forma solemne se muestran los frutos del trabajo del campo llevados en cortejo por jóvenes hacia el centro donde, un joven, como un dios clásico, los recibe.

On the entry to the Chamber of Senators (Easten Facade) the sculptor highlights the labor in the country and cattlebreeding in particular; its center represents a ritual sacrifice of pagan origin, while youth of both sexes hold their plowing tools.

On the entry of Chamber of Deputies the sculptor expresses in a more serene composition a ceremony were fruits of land are shown with solemnity by young people of both sexes who go towards the center where a boy, like a classic god receives them.

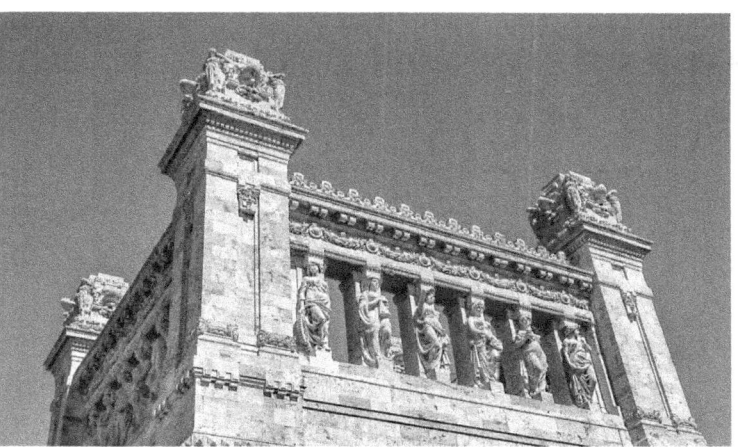

La linterna o cuerpo central del palacio

El cuerpo central del Palacio no existía en los planos de Meano, ni en las posteriores modificaciones de los Arquitectos Vázquez Varela y Banchini.

La misma fue incorporada por el arquitecto Moretti coronando el crucero del Palacio, elevando el cuerpo central del edificio y dándole ese aspecto piramidal que le otorga grandiosidad y perspectiva.

A la linterna se le llama asimismo lucernario, cuerpo central, cuerpo sobreelevado o torre porticada. Según el historiador Luis Bausero el origen de esta solución arquitectónica proviene de Oriente, fue usada en la construcción paleocristiana y paso por el románico y el gótico.

Moretti la adopta para culminar el edificio y la carga de motivos y adornos neoclásicos.

Pero Moretti no sólo diseña la linterna sino que aporta a su decoración los elementos en yeso necesarios para su revestimiento. Asimismo envió desde Italia dos modelos de cariátides para que sirvieran de base y ejemplo para la confección de las otras que en un total de doce eran necesarias para completar la linterna.

Los dos modelos de cariátides enviados por Moretti representaban a *La industria* y *La Agricultura* y fueron realizados por el escultor italiano Pedro

The lantern o central sector of the palace

The central sector of the Palace did neither exist in Meano's layout nor in the further modifications made by architects Vazquez Varela and Banchini.

It was incorporated by architect Moretti on top of the Palace's transept, raising the central sector of the building and showing that pyramidal aspect that provides grandeur and perspective.

The lantern is also called jack roof, central sector, elevated sector or portico tower. According to historian Luis Bausero, the origin of this architectonic solution is in the East, it was used in paleo-christian construction and it was maintained through the roman and gothic periods.

Moretti adopted it to finish the building and decorated it with neoclassic elements and figures.

Moretti not only designed the lantern but contributed the necessary plaster elements for reveting its decoration. He also sent two models of caryatids from Italy to be used as the basis and model for the creation of others, as a total of twelve figures were required to complete the lantern.

The two models of caryatids sent by Moretti represented *The Industry* and *The Agriculture*, and were created by the Italian sculptor Pedro Lingeri,

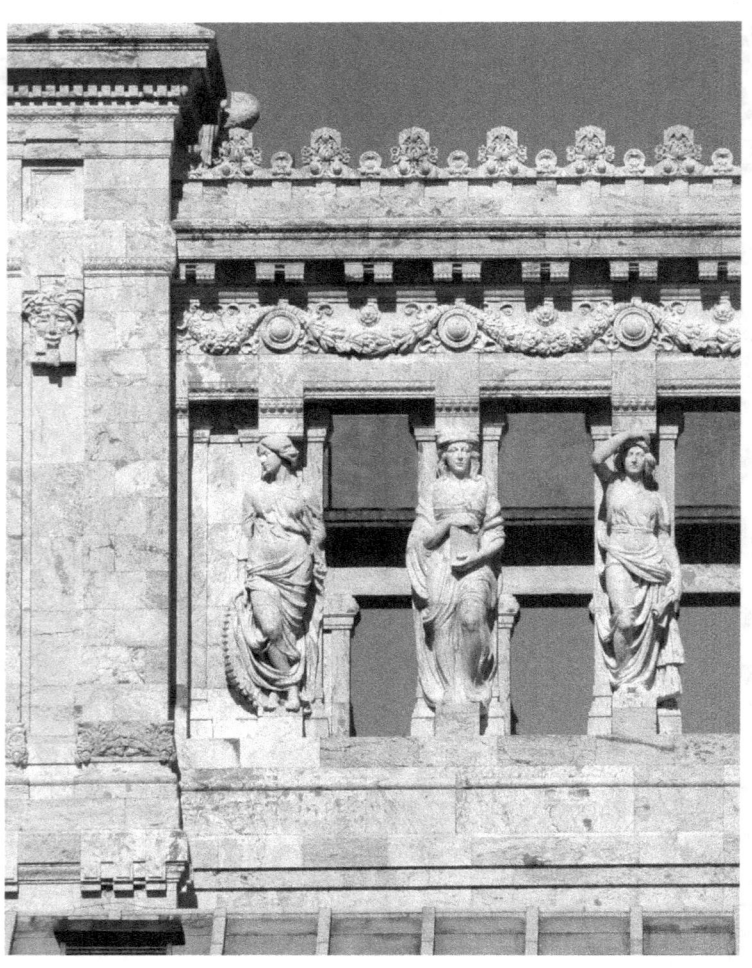

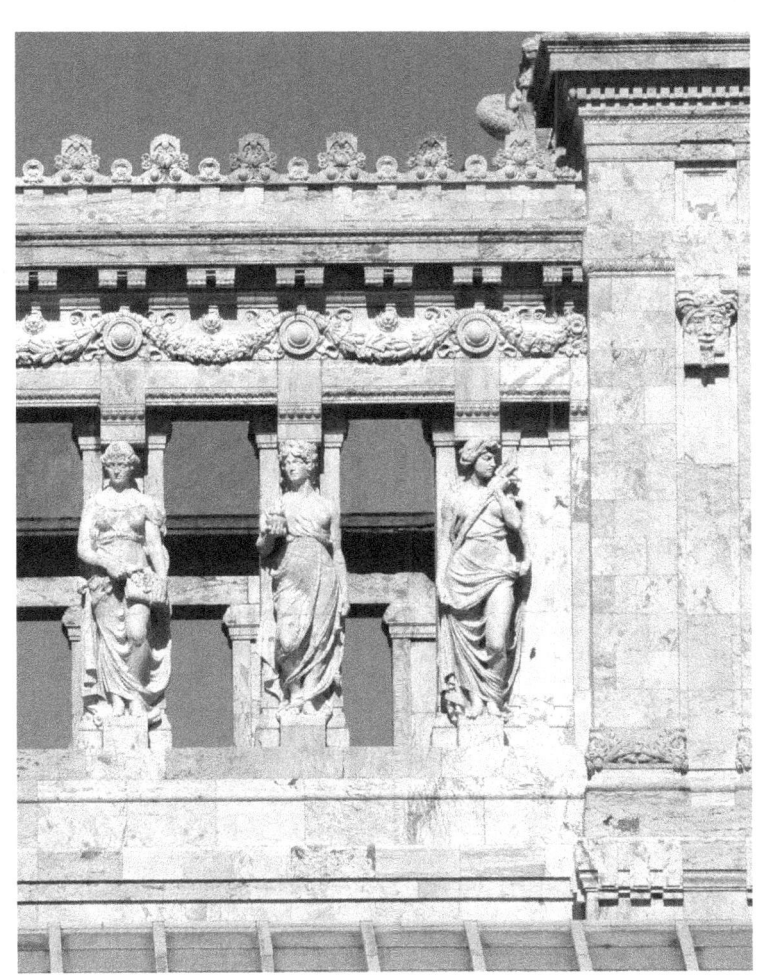

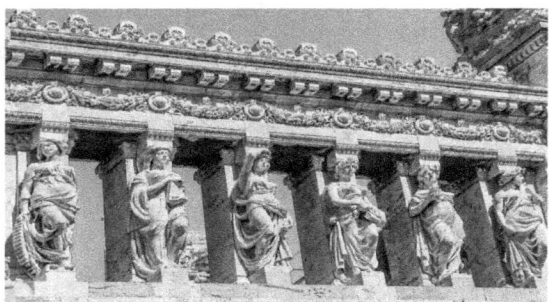

Lingeri, quien luego de la Primera Guerra Mundial culminó sus estudios de arquitecto.

Para las restantes diez cariátides se llamó por parte de la Comisión del Palacio a concurso entre escultores nacionales.

Cumplido el concurso las obras fueron realizadas por los siguientes escultores:

No. 1 La Industria: Pedro Lingeri
No. 2 El Derecho: Felipe Menini
No. 3 Matemáticas: Luis Cantu
No. 4 La Física: Miguel Frau
No. 5 La Arquitectura: Leonardo Vitola
No. 6 La Agricultura: Pedro Lingeri No. 7
La Pintura: Amadeo Rossi
No. 8 El Comercio: Angel Ferrari
No 9 La Poesía: Miguel Rienzi
No. 10 La Medicina: Aristide Bassi
No. 11 La Música: José Belloni
No. 12 La Escultura: Vicente Morelli

Cada cariátide tiene dos ejemplares pues la serie de doce se repite, siendo seis cariátides por viento.

La altura de cada cariátide es de 3 metros 09 centímetros y las originales fueron talladas en mármol en los talleres de la Compañía de Materiales de Construcción bajo la dirección del escultor italiano Pasquino Bacci.

Las cariátides son la faz externa de la linterna que se alza más allá de ellas en un rico y adornadoso culminado en cuatro grandes pináculos coronados por Victorias Aladas y otros adornos.

UBICACIÓN DE LAS CARIATIDES

La linterna así como las cariátides son fácilmente observables desde el interior del Palacio a través de los amplios ventanales interiores de la planta principal y sobre todo desde la planta alta.

who finished his architecture studies after the first World War.

The Palace Committee convened a contest of national sculptors for the creation of the remaining ten caryatids.

As a result of this contest, the pieces were done by the following sculptors:

Nr. 1 Industry: Pedro Lingeri
Nr. 2 Law: Felipe Menini
Nr. 3 Mathematics: Luis Cantu
Nr. 4 Physics: Miguel Frau
Nr. 5 Architecture: Leonardo Vitola
Nr. 6 Agriculture: Pedro Lingeri
Nr. 7 Painting: Amadeo Rossi
Nr. 8 Trade: Angel Ferrari
Nr. 9 Poetry: Miguel Rienzi
Nr. 10 Medicine: Aristide Bassi
Nr. 11 Music: José Belloni
Nr. 12 Sculpture: Vicente Morelli

Each caryatid appears twice as the series of twelve reiterates in six per wind.

The caryatids are 3,09 mtrs. high and the plaster originals were made in marble at the Construction Materials Company conducted by the Italian sculptor Paschino Bacci.

The caryatids constitute the outer face of the lantern, which raises beyond them in a rich and engraved frieze that culminates in four large pinnacles crowned by flying Victories and other decoration.

LOCATION OF THE CARYATIDES

The lantern, as well as the caryatids, can be easily seen from the interior of the Legislative Palace through the wide inner windows of the main floor and particularly from the first floor.

Interior del Palacio Legislativo

Como dijimos el Palacio es un edificio construido en cuatro niveles, un subsuelo y tres plantas.

El subsuelo está destinado en su mayor parte a los servicios y "fábrica de mantenimiento" del Palacio, usándose no pocos espacios para la administración y hasta como despachos de legisladores y sus asistentes.

La planta baja está mayormente dedicada a la administración y servicios de apoyo a los legisladores, así como a despachos de senadores y diputados.

La planta principal tiene, además de despachos de legisladores un Gran Vestíbulo de Honor, la majestuosa Sala de los Pasos Perdidos, el rico Salón de Fiestas, las Antecámaras de Diputados y Senadores, los Ambulatorios de cada Cámara: así como las de Comisiones Parlamentarias y las dos Cámaras.

El primer piso tiene numerosos despachos de senadores y diputados, salas de reunión y de comisiones, las Barras de acceso al público a la Cámara de

Interior of the Legislative Palace

As previously mentioned, the Palace is built in four levels, a basement and three floors.

The basement is mostly devoted to services and the "maltenance plant" of the Palace, while several rooms are utilized by the administration.

The ground floor is mostly devoted to administration and supporting services to legislators, as well as offices of senators and deputies.

Besides the offices of legislators, the main floor contains a Great Main Hall, the magnificent Sala ce los Pasos Perdidos (Room of the Lost Steps), the rich Reception Room, the forechambers of Deputies and Senators, the ambulatories of each chamber, as well as Parliamentary Committees Rooms and both Chambers.

The first floor includes several offices of senators and deputies, meeting and committees rooms, public access sectors to the Chambers of Deputies and Senators and the Library.

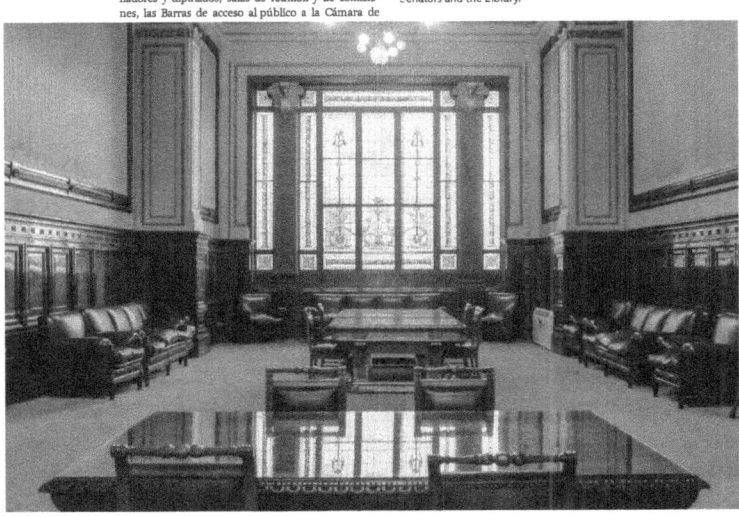

Todo el Palacio está ricamente decorado siendo su alhajamiento de calidad y buen gusto.

Los despachos de legisladores, los vestíbulos, salas de espera, antecámaras, salas de reuniones y de comisiones están adornados con cuadros de pintores nacionales y extranjeros que forman parte del rico patrimonio artístico del Palacio y por tanto del país. Tal es la riqueza pictórica y artística del Palacio que ello motivó que en el año 1993 se realizara una exposición abierta a todo el público para que se pudiera apreciar una parte elegida de dichas obras.

The whole Legislative Palace is richly decorated with quality and good taste.

The offices of legislators, the halls, waiting rooms, forechambers, meeting and committees rooms, are decorated with paintings by national and foreign authors that are part of the rich artistic heritage of the Palace and consequently of the country. The artistic and pictorial richness of the Palace is such that in 1993 there was an open exhibition for the public to appreciate a selected part of it.

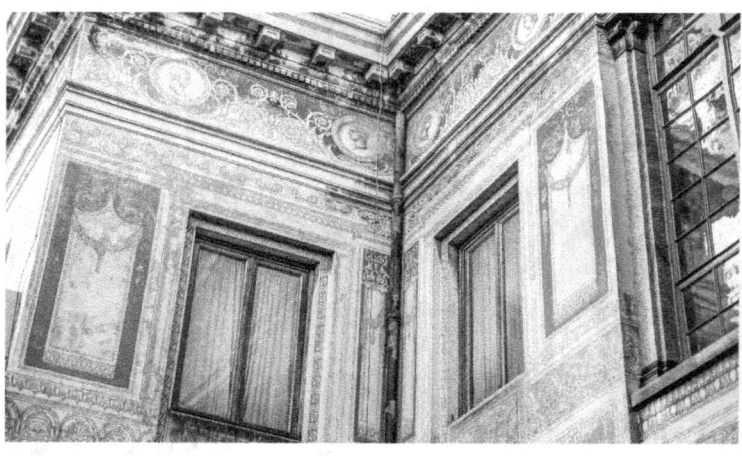

Patios interiores

Inner yards

Existen en el Palacio cuatro patios interiores distribuídos simétricamente proporcionando aire y luz a las dependencias internas del Palacio. Los mismos se aprecian desde todos los ventanales que dan al interior del Palacio cubiertos por esgrafiados que en tonos de ocre y amarillo viejo provocan una visión pompeyana de dichos muros. Los dibujos fueron realizados en base a cartones proyectados por Moretti de dibujos de pintores contratados por éste.

There are in the Palace four inner yards symmetrically distributed that provide for air and light to the inner premises. These yards can be seen from all the windows that face the interior of the Palace and are covered by sgrafito in ocher and aged yellow tones that create a Pompeyan view of the walls.

The drawings were based on cartons that Moretti designed on original drawings by painters hired for such purpose.

Al Vestíbulo de Honor se accede por la entrada principal; Moretti no sólo pensó como un lugar de tránsito necesario para el ingreso al Palacio sino también como un lugar de reposo, necesario luego del esfuerzo de la llegada a través de la escalinata. El mismo cumple las funciones de introducir al visitante al Palacio previo al deslumbramiento del ingreso al Salón de los Pasos Perdidos.

The access to the Main Hall is through the main entry, Moretti not only conceived it as a necessary transit place for entering the Palace but also as a resting place, required after the effort of climbing the stairway.

This hall acts as an introduction of visitors to the Legislative Palace, prior to their amazement when they enter the Room of Lost Steps.

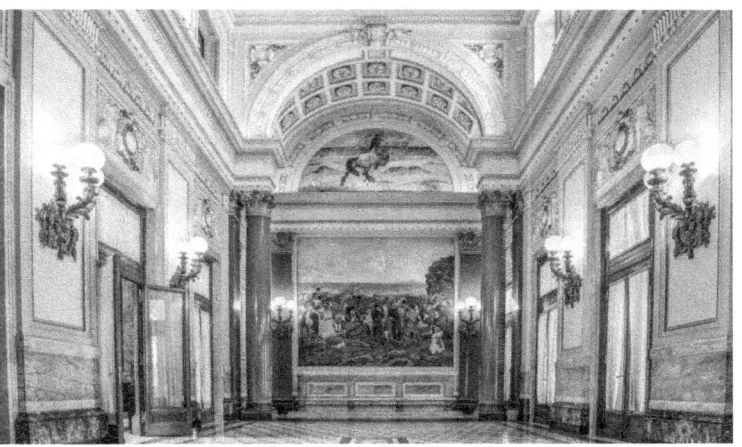

Este espléndido introito está ricamente decorado con mármoles, granitos, estucos, bronces y cuadros al óleo. La frialdad de las piedras está mitigada por la calidez de los cuatro grandes cuadros que alhajan sus paredes.

En las cabeceras del vestíbulo hay un espacio cubierto por bóvedas de cañón casetonado, que forman una especie de hornacina. Frente a cada hornacina así formada, dos soberbias columnas monolíticas de precioso granito rojo uruguayo de 6 metros 20 centímetros de fuste sostienen un arco de medio punto con elegante clave.

This splendid introito is richly decorated in marble, granite, stucco, bronze and oil paintings. The coolness of stone is mitigated by the warmth of the four great paintings on its walls.

At the head of the hall, there is a rectangular space covered by panelled flue domes, that form a sort of niche. In front of each niche there are two splendid monolitic columns of precious uruguayan red granite of 6,20 m of fust that hold a half-point arcade with an elegant keystone.

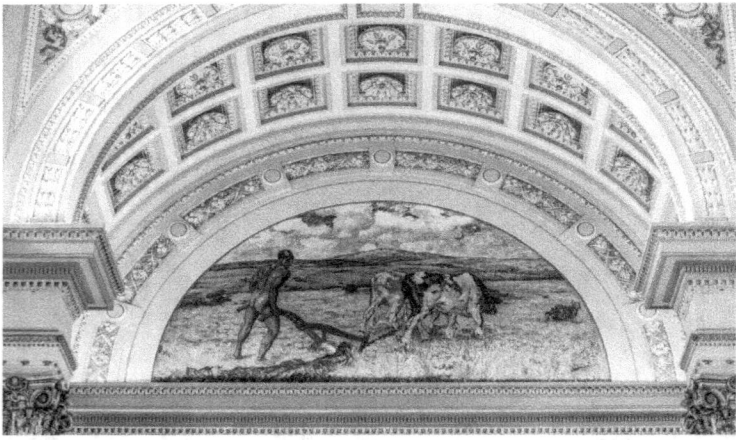

Dentro de estas grandes hornacinas se encuentran los cuadros que decoran el vestíbulo.

Las pinturas murales que se encuentran en el Palacio se hacen con el procedimiento del *marouflage* (engrudado) que consiste en pintar los temas requeridos sobre telas, con la técnica al óleo de la pintura comúnmente llamada de caballete y luego fijarlas a la pared pegándolas.

Los lunetos recién fueron decorados en 1956 y 1958 con sendas pinturas encargadas al gran pintor uruguayo Manuel Rose (1882-1961).

En cuanto a los óleos en sí mismos, tenemos a la izquierda en el luneto superior la composición simbólica de Manuel Rosé "El primer surco". Debajo de ella el expresivo cuadro del magnífico pintor uruguayo Pedro Blanes Viale (1879-1926) "La Jura de la Constitución", espléndido cuadro de 4 metros, 75 centímetros por 4 metros, 75 centímetros (superficie total del cuadro 22 metros 56 decímetros) donde en un estrado levantado delante del Cabildo, en la Plaza Matriz por la calle San Fernando, el pueblo jura la primera Constitución de la República; en los cuatro ángulos del estrado flamean las banderas de Uruguay, Argentina, Brasil e Inglaterra, países firmantes de la Convención Preliminar de Paz de 1828 que consagró la Independencia de Uruguay. En el balcón del Cabildo (que fue Sede del Poder Legisla- tivo), el pintor puso los retratos de los constituyen-

The paintings that decorate the hall are located within these large niches.

The wall paintings of the Palace were made with the "marouflage" procedure, consisting of painting the required topics on canvas with the oil technique usually called "easel", and then stick them to the wall.

The lunettes were only decorated in 1956 and 1958 with paintings entrusted to the great Uruguayan painter Manuel Rose (1882-1961).

As to the paintings themselves, we can mention to the left, in the upper lunette, the symbolic creation of Manuel Rose "El primer surco" (the first rut). Underneath, the expressive painting by the wonderful Uruguay painter Pedro Blanes Viale (1879-1926) "La Jura de la Constitución (the Constitution oath) of 4.75 by 4.75 mtrs. (total area 22 meters 56 decimeters), showing a platform in front of the Cabildo, on the Matriz Square in San Fernando street, where the people swears allegiance to the first Constitution of the Republic; the flags of Uruguay, Argentina, Brazil and England can be seen at the four angles of the platform, together with the signatories of the Preliminary Peace Convention of 1828 that consecrated the Uruguayan Independence. At the balcony of the Cabildo (former site of the Legislative Power) the painter placed the portraits of the Constitution authors who surround General Lavalleja and those who were ministers of state at that time.

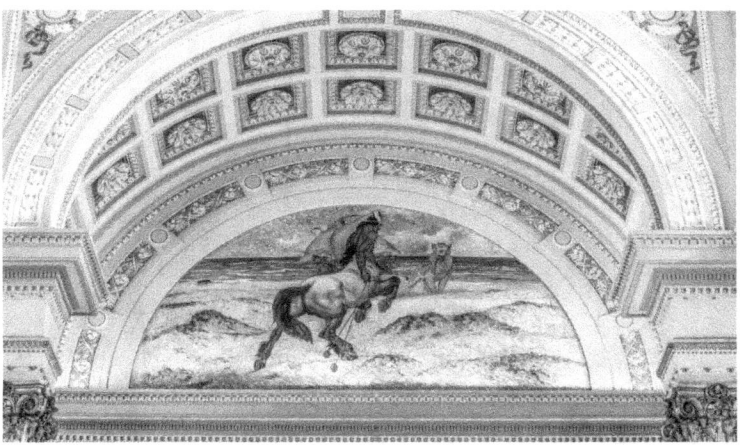

tes quienes rodean al Libertador General Lavalleja y a los entonces ministros de estado. Esta enorme tela quedó inconclusa por fallecimiento de su autor, pero estaba tan adelantada que se prefirió dejarla así en homenaje a su autor y para que su concepción no fuera alterada en modo alguno.

En la hornacina de la derecha existen dos composiciones del mismo autor: en el luneto, a lo alto, tenemos el más original trabajo de Manuel Rosé en una curiosa alegoría del "Encuentro" entre un centauro indio con el león hispano. Debajo de ella el enorme mural encargado por la Comisión en 1924 que mide más de 23 metros cuadrados con el motivo "Artigas en su campamento del Cerrito frente a Montevideo en 1811" en el cual se ve al General José Gervasio Artigas en el Cerrito, donde fijó su campamento para el llamado primer sitio de Montevideo en 1811, ocupa- do por los españoles. La silueta de la entonces ciudad amurallada se ve en el horizonte y asimismo se apre- cia el Cerro de Montevideo al otro lado de la bahía.

Completan la decoración del vestíbulo dos espléndidos y grandes bancos de mármoles claros del Uruguay montados sobre escabeles también de mármoles nacionales y el techo casetonado en blanco y oro.

Tres grandes puertas comunican el Vestíbulo de Honor con el magnífico Salón de los Pasos Perdidos

This huge painting remained unfinished due to the decease of the auther, but it was already so advanced that it was decided to leave it as it is, as an hommage to the painter and to avoid any modification to its concept.

In the right niche there are two paintings by the same author: in the lunette at the top, we can see the most original work of Manuel Rosé, a curious allegory of the "Encuentro" (the encounter) between an Indian centaure and the Spanish lion. Underneath, the huge wall painting entrusted by the Committee in 1924, that exceeds 23 square meters "Artigas en su campamento del Cerrito frente a Montevideo en 1811" (Artigas in his Cerrito camp in Montevideo in 1811), where General José Gervasio Artigas can be seen in Cerrito, were he established his camp for th first siege of Montevideo, occupied by the Spaniards, in 1811. The silhouette of the city fully walled at that time, can be seen in the horizon, as well the Cerro de Montevideo (Montevideo Hill) at the other side of the bay.

The decoration of the hall ih completed by two splendid and large benches on Uruguay light marble mounted on stools, also made of national marble.

Three large doors connect the Main Hall the magnificent Room of the Lost Steps.

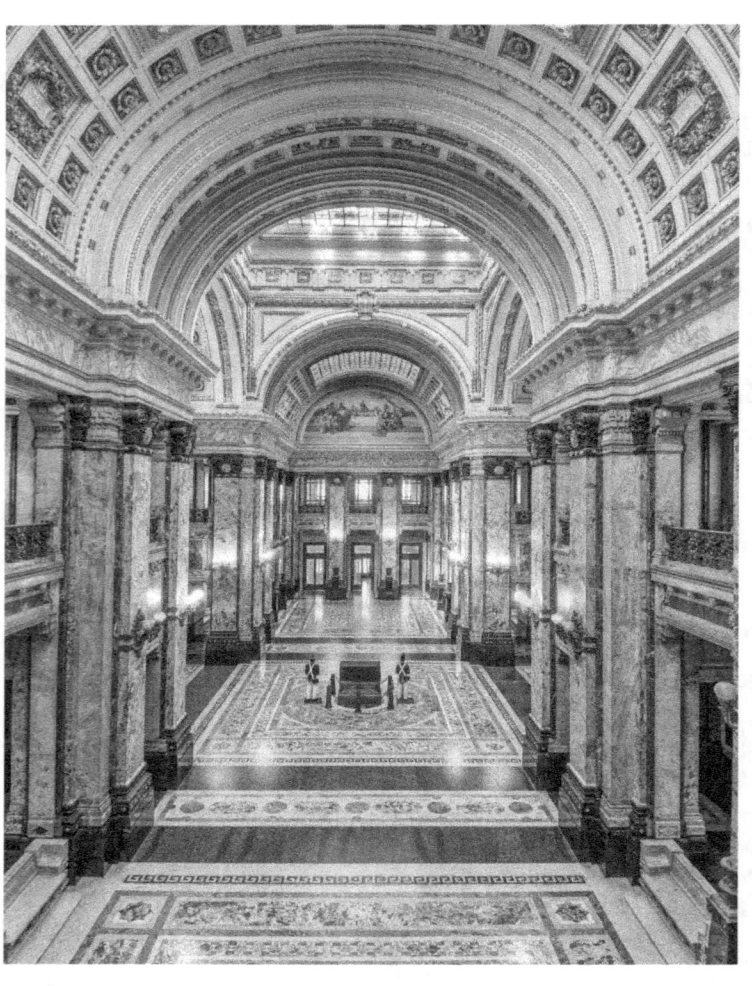

Salón de los Pasos Perdidos

Este majestuoso y esplendido salón es el ambiente más importante del Palacio. Su grandeza, riqueza y solemnidad le otorgan al recinto un sentimiento eclesial de lo divino pese al destino profano de la edificación. La profusa decoración, el juego de los múltiples colores que mármoles, granitos, pórfidos, estucos, mosaicos, maderas, vidrios, cristales, bronces y otros metales dan al inmenso salón; apabulla por su profusión y enmudece por su armonía.

Las dimensiones principales del Salón son las siguientes: largo total 51 metros, 18 centímetros: ancho de la nave principal 9 metros 40 centímetros y altura hasta el lucernario 23 metros, 6 centímetros.

Al Salón de los Pasos Perdidos se accede desde el Vestíbulo de Honor y a través de él se ingresa a la Sala de Fiestas y las Antecámaras de Senadores y Diputados.

Desde la planta baja se llega al Salón de los Pasos Perdidos por dos amplias escaleras independientes de dos tramos cada una y con un descanso, totalmente realizadas en mármoles y granitos, que en tonos oscuros le dan una suntuosidad que prepara el ánimo para la visión que se avecina del Gran Salón.

Moretti fue el creador de la nave transversal y del crucero que otorgan la grandiosidad a todo el Pa- lacio. Ambas naves están cubiertas con bóvedas de medio punto y sobre los arcos torales del cruce de ambas bóvedas levantó el cuerpo central cuadriforme que forma el lucernario en torre porticada a la que llamamos Linterna.

Room of the Lost Steps

This majestic and extended room is the most important place in the Palace. Its grandeur, richness and solemnity provide the building a church-like feeling of the divine, in spite of its profane utilization. The abundant decoration, the multicolour shades given to the room by marbles, granites, porphyry, stucco, mosaics, woods, glasses, crystals, bronzes and other metals, are in overwhelming profusion and astonishing harmony.

The following are the main dimensions of the Room; total length, 51,18 mtrs.; width of the main aisle, 9,40 mtrs; width up to the jack roof, 23,06 mtrs.

Access to the Room of the Lost Steps is from the Main Hall and through it, to the Reception Room and the forechambers of Senators and Deputies.

The ground floor is connected with the Room of the Lost Steps by two large independent stairways, with two flights and a anding each, fully made of marble and granite in dark tones that create a sumptuous environment as an introduction to the Great Room.

Moretti was the creator of the transversal aisle and the transept that provide magnificence to the whole Palace. Both aisles are covered with half point domes, and on the main archs, where both domes cross, he raised the central square sector that forms the jackroof, as a portico tower that we call Lantern.

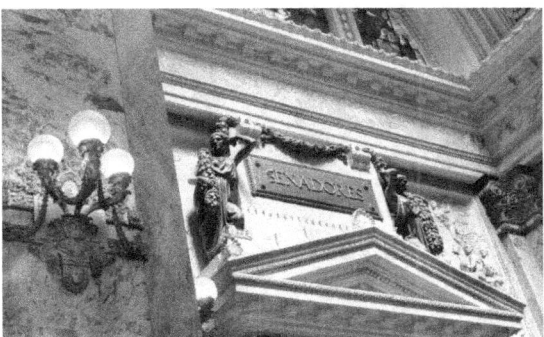

41

Una policromía equilibrada de mármoles, pórfidos y granitos en variedad de cincuenta y dos cubren pisos, paredes, columnas, bancos y parapetos. La vista de los pisos de la nave principal desde lo alto muestra la amonia de tres "alfombras" de piedra.

En el centro del cruce que es a símismo el centro del Palacio se encuentra un gran círculo de granito oscuro veteado que coincide con el centro del vitral circular de iguales proporciones del techo.

Desde el punto central de dicho granito circular todas las distancias geográficas del palacio equidistan

Las columnas que adornan el Salón tienen capiteles y frisos en bronce labrado. Sobre los frisos de las columnas se hallan pequeños rombos de mármol que forman el muestrario de todos los tipos de mármol empleados en la decoración de Pasos Perdidos.

Grandes puertas de caoba separan el Salón de los Pasos Perdidos de los ingresos a Diputados y Senadores; el noble material fue trabajado de acuerdo con la majestuosidad del ambiente. Estas puertas están enmarcadas entre dos columnas de mármol gris de Piriápolis que sostienen un ancho y rico entablamento que a su vez remata en un tímpano en mármol blanco.

Para la decoración escultórica de los testeros del crucero fue elegido por Moretti el escultor uruguayo Edmundo Prati (1889-1970), que en esa época estudiaba en la Real Academia de Bellas Artes de Brera.

Edmundo Prati realizó innumerables obras que ornan diferentes ciudades de Uruguay y del extranjero y fue jefe conservador artístico del Palacio Legislativo durante el período 1949-1953.

De Prati son las figuras alegóricas que flanquean los carteles de bronce con los nombres "Diputados" y "Senadores", así como los cuatros magníficos relieves que se encuentran entre estas figuras y las pilastras del ángulo en los muros que dan a las antesalas en ambas cámaras.

A los costados de los carteles se pueden apreciar cuatro figuras femeninas en vestiduras clásicas que sostienen importantes guirnaldas. Fueron modeladas fundidas y cinceladas en Milán en 1926 y su trabajo las coloca entre las primeras obras del país de este estilo y calidad. Ambos conjuntos otorgan so- lemnidad y belleza a los ingresos a ambas cámaras.

Los relieves a sus costados fueron creados para ser llevados al mármol. Prati quiso en ellos incorporar claros elementos históricos que llevaron a la independencia de nuestra patria, los que concibió conjuntamente con elementos simbólicos. Los cuatro relieves pese a tener temas de nuestra historia están realizados en clave simbólica y estructuras clásicas tanto de las fi- guras humanas como de los animales que las integran, por otra parte, el escultor incluye en cada composición Victorias Aladas o Genios de América.

A well-balanced policromy of fifty-two ite different kinds of marble, porphyry and granite covers the floors, walls, columns, benches and parapets. Watching the nave's floors from the top, it is possible to see the harmony of the three stone "carpets.

At the center of the transept, that is also the center of the Palace, there is a large dark granite circle that coincides with the center of the circular vitral and has its same size.

Every geographic distance in the Palace is equidistant from the center of this granite circle.

The columns and freizes decorating the Room have capitals and friezes in carved bronze.

On the columns' freizes small marble diamond-shaped pieces can be seen, as samples of all the types of marble utilized in the decoration of the Lost Steps Room.

Large mahogany doors separate the Room of the Lost Steps from the entry to the Chambers of Deputies and Senators; this noble wood was carved in accordance to the magnificence of the environment.

These doors are framed between two columns of Piriapolis grey marble that hold a wide and rich entablature ending in a white marble pediment.

The sculptural decoration of the transept's frontpieces was entrusted by Moretti to the Uruguayan sculptor Edmundo Prati (1889-1970) who at that time was studying at the Royal Academy of Arts in Brera.

Edmundo Prati created uncountable pieces that ornate several cities in Uruguay and abroad, and was the artistic chief curator of the Legislative Palace 1941-1953.

He was the author of the allegoric figures at both sides of the bronze cartels for "Deputies" and Senators", as well as of the four wonderful reliefs located between those figures and the pilasters in the angles of the walls in front of the anterooms of both Chambers.

Four female figures in classic garments holding large garlands, can be seen at the sides of those cartels. They were modelled, founded and engraved in Milan in 1926, and their quality place them among the top masterpieces in the country of such style and quality. Both groups provide solemnity and beauty to the access to both chambers.

The reliefs on their sides were designed to be made of marble. Prati clearly intended to incorporate those historic elements that led our country to independence, together with symbolic elements.

Although including topics of our history, the four reliefs are composed of symbols and classic structures, of both human and animal figures; on the other hand, the sculptor included Flying Victories or Geniuses of America in each creation.

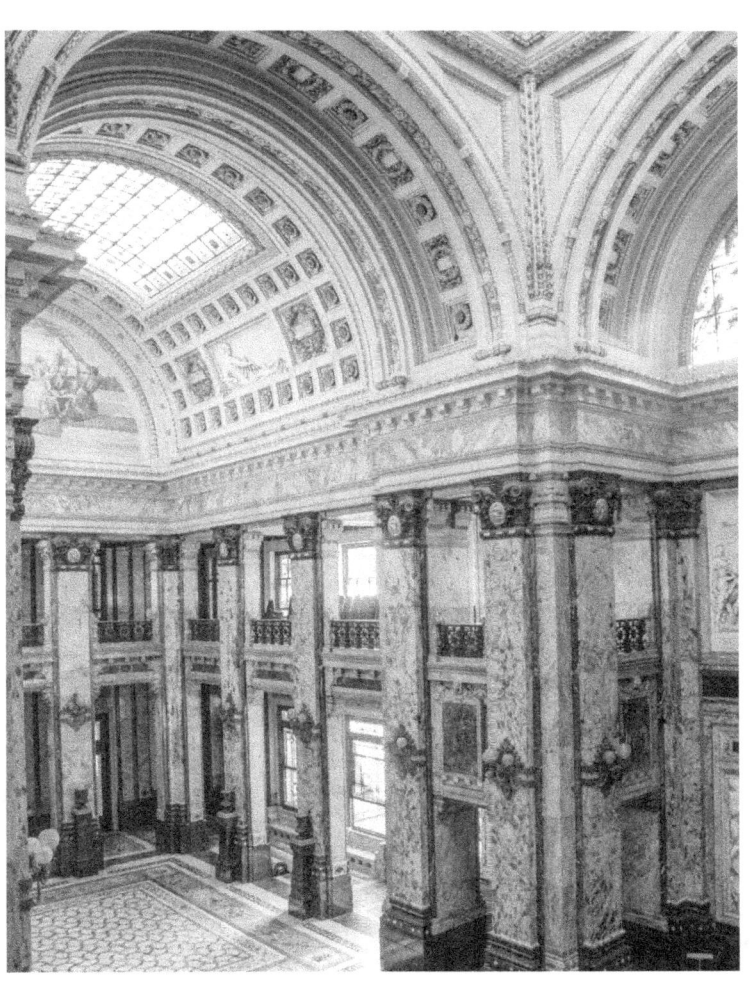

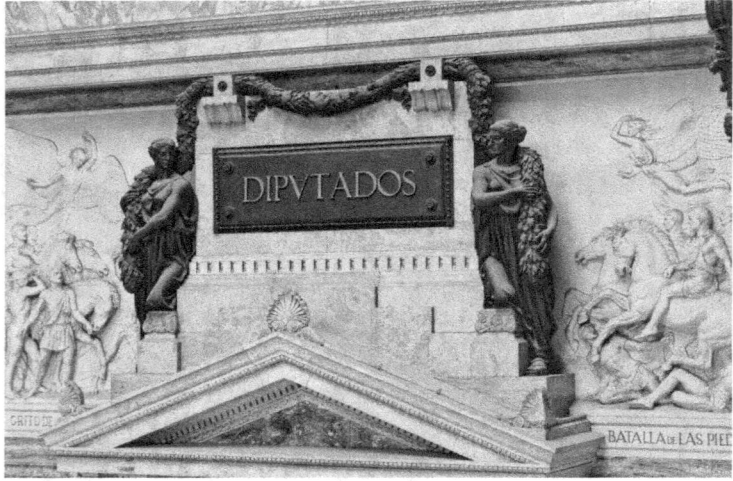

A la entrada en Diputados encontramos los temas: "Grito de Asencio", que conmemora la reunión y proclama del 28 de febrero de 1811 de un centenar de gauchos conducidos por Pedro Viera y Venancio Benavidez, momento en el cual, comienza el movimiento independentista y "Batalla de Las Piedras", que recuerda la única batalla ganada directamente por el General José Artigas el 18 de mayo de 1811 sobre las tropas españolas que llevó a triunfo de la revolución liberadora.

A la entrada en Senadores encontramos los temas: "El Exodo", que alude al peregrinar del pueblo oriental que acompaña a su Caudillo Artigas en su re-tirada del suelo nacional. Fueron más de 16.000 per- sonas, militares y civiles, hombres y mujeres, niños y ancianos que dejaron todo tras de sí para acompañar a su Jefe en la retirada al Ayuí buscando liberarse del dominio portugués y "La Independencia" del 18 de julio de 1830 donde el pueblo luego del triunfo mili-tar descansa al amparo de la Constitución y a la vera de los símbolos patrios.

Sobre todo el conjunto monumental de los ingresos a Diputados y Senadores, Moretti ideó una vidriera de colores que cierra el medio punto de la bóveda transversal del crucero.

The following pieces can be seen at the entry of the Chamber of Deputies: "Grito de Asencio" (proclaim of Asencio) recalling the meeting and proclamation of a hundred "gauchos" led by Pedro Viera and Venancio Benavides on February 28, 1811, at the beginning of our independence process. "Batalla de Las Piedras" (Las Piedras battle) recalling the only battle directly won by General José Artigas over the Spanish troops on May 18, 1811, that led to revolution.

The following creations are placed at the entry of the Chamber of Senators: "The Exodus" on the pilgrimage of our people accompanying their leader Artigas in his withdrawal from national territory. More than 16.000 persons, military and civilian, men and women, children and elder, left everything behind to accompany their leader in his withdrawal to Ayuí, trying to become free of the Portuguese domination.

"The Independence", July 18, 1830: after the military triumph, the people rests protected by the Constitution and surrounded by patriotic symbols.

Moretti also designed a coloured glass window that closes the half-point of the transept's transversal dome.

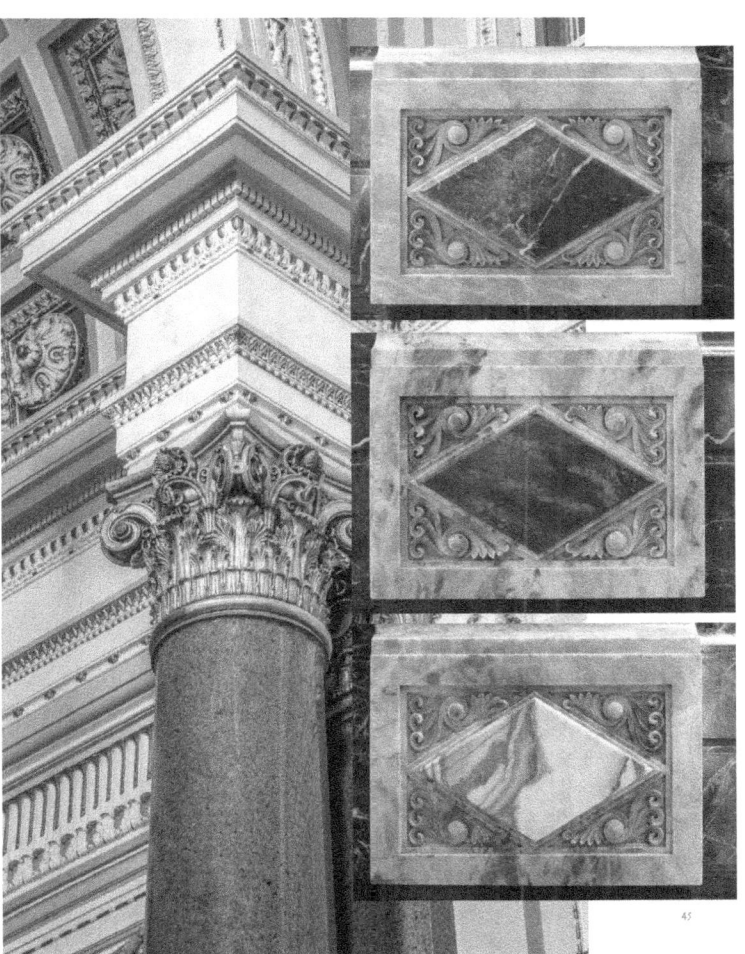

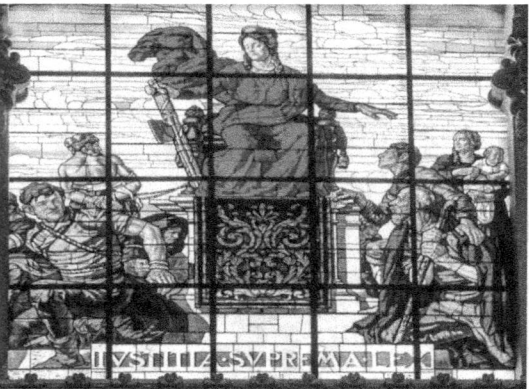

Los vitrales fueron realizados sobre cartones del gran artista italiano Juan Buffa (1871-1954) quien entre sus muchos trabajos realizó dos de los grandes vitrales del Duomo de Milán y de la Iglesia de Santa Ana de Roma.

La confección de los vitrales fue realizada en la famosa casa de vitrales de Juan Beltrami en Milán.

El vitral que se encuentra sobre la entrada en Diputados presenta a la "República" sentada en un alto podio con manto rojo, rodeada de ricos azules presidiendo los trabajos del mar y de la tierra. Debajo luce la leyenda *"Labor Maxima Vis".* El vitral que se encuentra sobre la entrada en Senadores presenta a *"La Justicia"* envuelta en las vestiduras, niveladora de las clases sociales haciendo a todos iguales ante su supremo dictado. Debajo se lee *"Justicia Suprema Lex".*

El casetonado de la bóveda de la nave principal del salón tiene dos lucernarios y cuatro relieves del escultor oriental José Belloni, quien se inspiró en los cuarteles de nuestro escudo nacional para plasmar cuatro grandes figuras recostadas en actitud solemne donde: a) una mujer con una espada representa a la *Justicia* que en nuestro escudo está simbolizado por la balanza, b) una mujer con un puma representa la *Fuerza,* lo que en nuestro escudo está simbolizado por el cerro de Montevideo con su Fortaleza, c) una mujer con un cóndor representa a la **Libertad,** lo que en nuestro escudo está simbolizado por el caballo y d) una mujer con frutos representa a la **Abundancia,** lo que en nuestro escudo está simbolizado por el buey.

The vitraux were made on designs of the great Italian artist Giovanni Buffa (1871-1954) who, among several other works, created two of the large vitraux in the Duomo of Milan and in the Saint Anne Church in Rome.

The vitraux were manufactured at the famous Giovanni Beltrami firm in Milan.

The stained-glass window on the entry to the Chamber of Deputies shows the "Republic" sitting on a high podium and dressed on a red cloak, surrounded by rich blue colours and presiding over sea and land labor. Underneath, the sentence *"Labor Maxima Vis"* can be seen.

The stained-glass window located at the entry of the Chamber of Senators represents *"Justice",* dressed in red, equalizing social classes before its supreme verdict. The sentence *"Justicia Suprema Lex"* can be read underneath.

The caissoning of the main aisle's dome of the Room shows two jack roofs and four reliefs created by the national sculptor José Belloni, who was inspired by the quarters in our national coat of arms; he made four large and solemnly lying figures, where: a) a woman holding a sword represents *Justice,* represented in our arms by a scale; b) a woman by the side of a puma represents **Strength,** represented in our arms by the Montevideo Hill; c) a woman with a condor represents **Freedom,** represented in our arms by a horse; and d) a woman and some fruits represents the wealth of the country, represented in our arms by an ox.

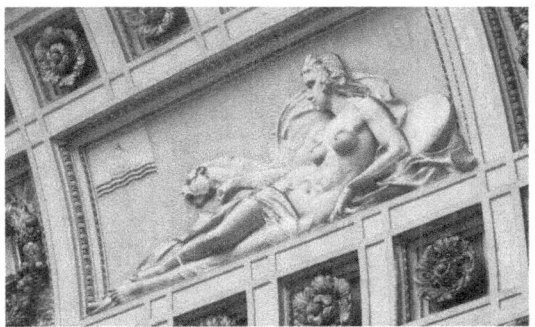

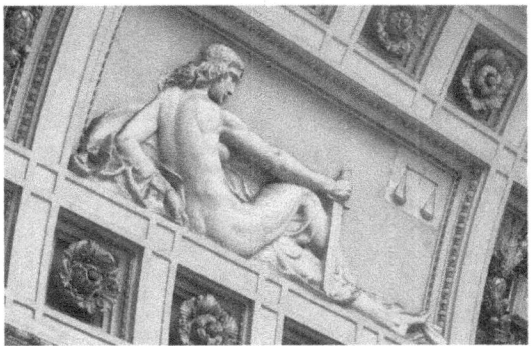

Los lunetos que cierran la bóveda central están decorados con grandes mosaicos con composiciones alegóricas realizados según cartones del italiano Juan Buffa. El mosaico del sur simboliza *"Las Ciencias"* y el mosaico del norte *"Las Artes"*.

Las fechas históricas que en clásicas coronas se leen en la bóveda, se refieren a fechas patrióticas.

Adosados a los muros se encuentran exquisitos bancos de mármol anacarado esculpidos con ondinas en la parte superior y animales mitológicos alados a modo de patas en su base.

The lunettes that close the central dome are decorated with large mosaics formed by allegoric groups made on cartons designed by the Italian Giovanni Buffa. The southern mosaic represents *"Sciences"*, while the northern one represents *"Arts"*.

The historic dates that crown the dome in a classic pattern, refer to patriotic events.

There are exquisitely carved benches in mother-of-pearl marble along the walls, with undines in their upper part and mythological animals shaped as claws at their basis.

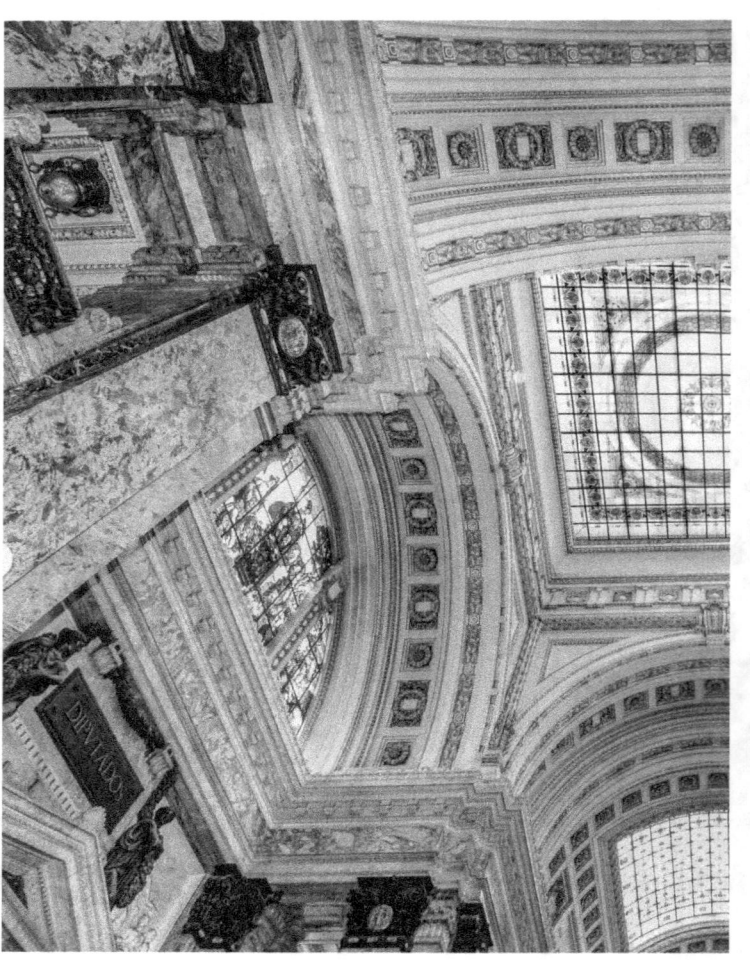

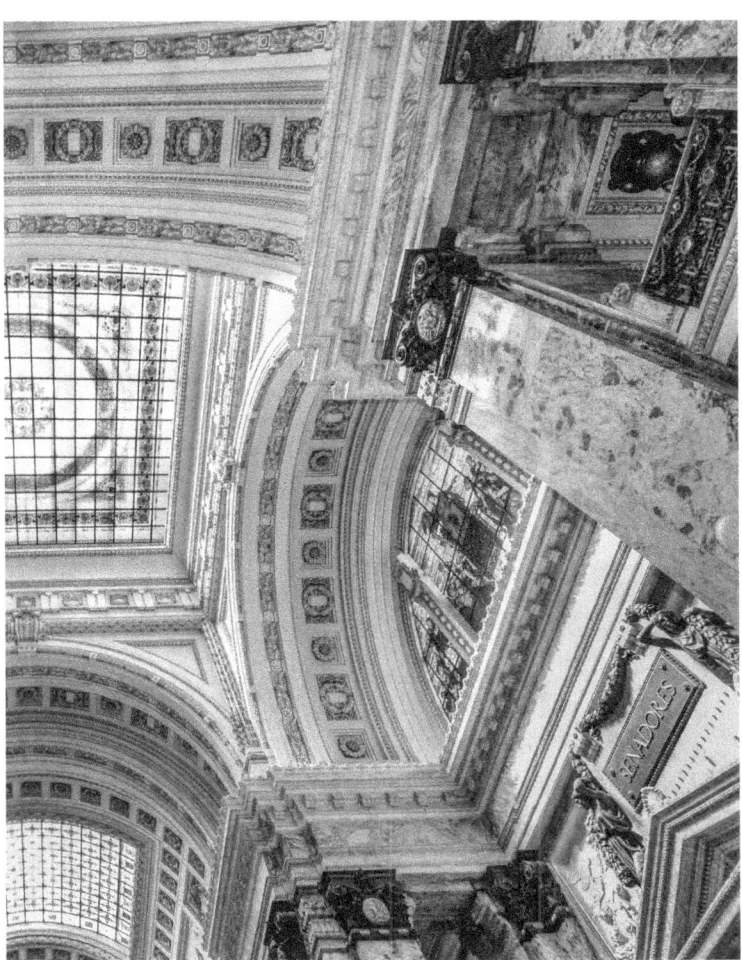

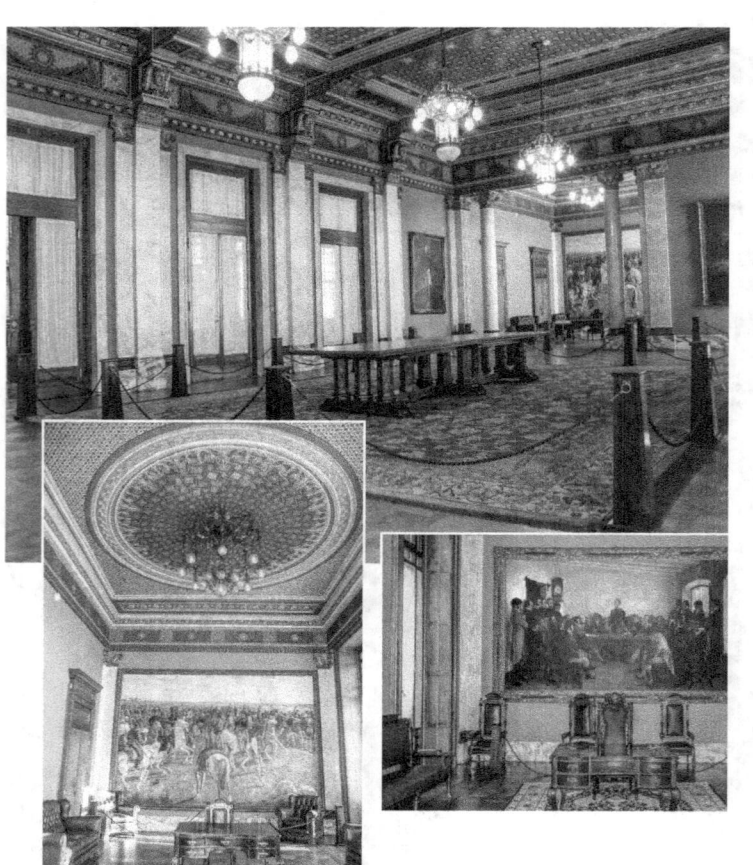

Este gran salón, de una superficie total de doscientos noventa y nueve metros con seis decímetros, se encuentra dividido en tres ambientes, uno central de 17 metros 65 centímetros de ancho por 11 metros 16 centímetros de largo y dos ambientes a los costados del primero de 7 metros 92 centímetros de ancho por 6 metros 46 centímetros de largo.

Espléndidas arañas de cristal y bronce cuelgan de los trabajados techos.

En esta sala llama enseguida la atención del visitante sus techos en una decoración policromada y ricamente trabajada que recuerda los techos de los palacios véneto, en los que seguramente se inspiró su autor Enrique Albertazzi, quien había colaborado con su hermano Archimide Albertazzi, en los cartones de los esgrafiados de los patios interiores del Palacio.

En las paredes y en las divisiones de los ambientes se observan columnas y falsas columnas de dorados capiteles.

El piso es de un parquet de diferentes maderas trabajadas en marquetería por maestros artesanos.

Alhajan el salón de fiestas: una importante mesa de fina madera y dos mesas auxiliares esculpidas, así como una gran alfombra de fondo rojo enmarcado en guarda mayor blanca dentro de una guarda menor roja toda ricamente adornada por guirnaldas y arabescos con flores y follajes. Sitiales y sillones de cuero repuja- do y madera tallada completan el alhajamiento.

Adornan las paredes de la Sala de Fiestas grandes cuadros realizados por importantes pintores uruguayos referidos todos a héroes y hechos de la independencia nacional.

El gran cuadro de Pedro Blanes Viale "Las Instrucciones del Año XIII" de 4 metros 70 centímetros por 2 metros 4 centímetros, que conmemora la entrega por parte del General Artigas a los diputados de la entonces provincia Banda Oriental de las Instrucciones a que deberían ceñir su actuación en la Asamblea Constituyente de las Provincias Unidas del Río de la Plata del año 1813 y que en resumen proponen: independencia absoluta, gobierno democrático republicano,constitución, federalismo entre las provincias, autonomía provincial, separación de poderes, libertad civil y religiosa y libertad de comercio. El cuadro de Manuel Rosé con el tema *"Batalla De Las Piedras"*, de más de 20 metros de superficie (5,34 x 4,00) que conmemora la primera victoria del ejército libertador dirigido por el General José Artigas ante los españoles comandados por el Capitán Posadas el 18 de mayo de 1811.

This large room has a total area of 299 meters and 6 decimeters, and is divided into three sectors: central, of 17,65 mtrs. wide by 11,16 mtrs. long, and two lateral sectors of 7,92 mtrs. wide by 6,46 mtrs. long.

Splendid crystal and bronze chandeliers hang from the carved ceilings.

The attention of the visitor is immediately drawn by the multi-coloured and richly elaborated decoration of the ceilings of this Room, which recall the Venetian palaces where their author Enrico Albertazzi was surely inspired: he had cooperated with his brother Archimide Albertazzi in designing the cartons of the sgraffito decoration of the Palace's inner yards.

The walls and the separations between sectors show columns and false columns with golden spires.

The floor is made of parquet of various woods in marquetry created by artisan masters. floor is made of parquet created by artisan masters.

The reception room is furnished with a large table on fine wood and two auxiliary carved tables;also, a large carpet in red, framed by a larger white stripe within a smaller red stripe, richly ornated with garlands and arabesques with flowers and foliage, as well as chairs and armchairs in embossed leather and carved wood.

The walls of the Reception Room are decorated by large paintings created by great Uruguayan authors, referring to all the heroes and events of our national independence.

The great painting of Pedro Blanes Viale *"Las Instrucciones del Año XIII"* (instructions of 1813), of 4,70 mtrs. by 2,04 mtrs. that shows the image of General Artigas giving the deputies of what was then the province of the Banda Oriental the Instructionsto act at the Constituent Assembly of the RiverPlate United Provinces in 1813 that proposed: full independence, republican democratic government, constitution, federalism among provinces, province autonomy, separation of powers, civil and religious liberty and trade freedom.

There is also a painting by Manuel Rose of *"Batalla De Las Piedras"*with a size the exceeds20 mtrs. (5,34 by 4,00) recalling the fin significantvictory of the Independence army led by General José Artigas over the Spaniards led by Captain Posadason May18, 1811.

Los otros tres cuadros corresponden a retratos de héroes de nuestra independencia: de Manuel Rosé, el "Retrato del General Oribe", quien fue nues-tro segundo presidente de la república, segundo jefe de los Treinta y Tres Orientales, héroe de nuestra independencia y fundador del Partido Blanco o Na- cional; de José Luis Zorrilla de San Martín "Retrato del General Rivera", quien fuera nuestro primer pre- sidente constitucional, héroe de nuestra independen- cia, uno de los capitanes de Artigas, conquistador de las Misiones y fundador del Partido Colorado y de José Luis Zorrilla de San Martín, "Retrato del Gene- ral Lavalleja" quien fuera jefe de los Treinta y Tres Orientales, capitán de Artigas, gobernador provisio- nal de la provincia y héroe de nuestra independencia, y por último, el "Retrato Ecuestre del General Rive- ra" por Manuel Rosé.

The remaining three paintings correspond to standing portraits of heroes of our independence "Portrait of General Oribe", who was our second President of the Republic, second in command of the Thirty-Three Orientals, hero of our independence and founder of the White or National Party, by Manuel Rose; "Portrait of General Rivera", who was our first constitutional president, hero of our independence, one of Artigas' captains, conqueror of Misiones and founder of the Red Party, by José Luis Zorrilla de San Martín; "Portrait of General Lavalleja", leader of the Thirty- Three Orientals, captain of Artigas, temporary Governor of the Province and hero of our independence, and finally, the equestrian portrait of General Rivera by Manuel Rose.

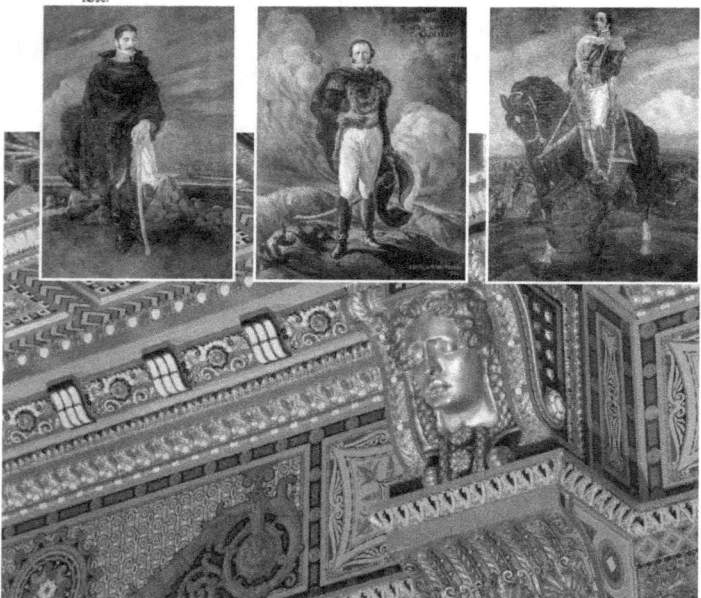

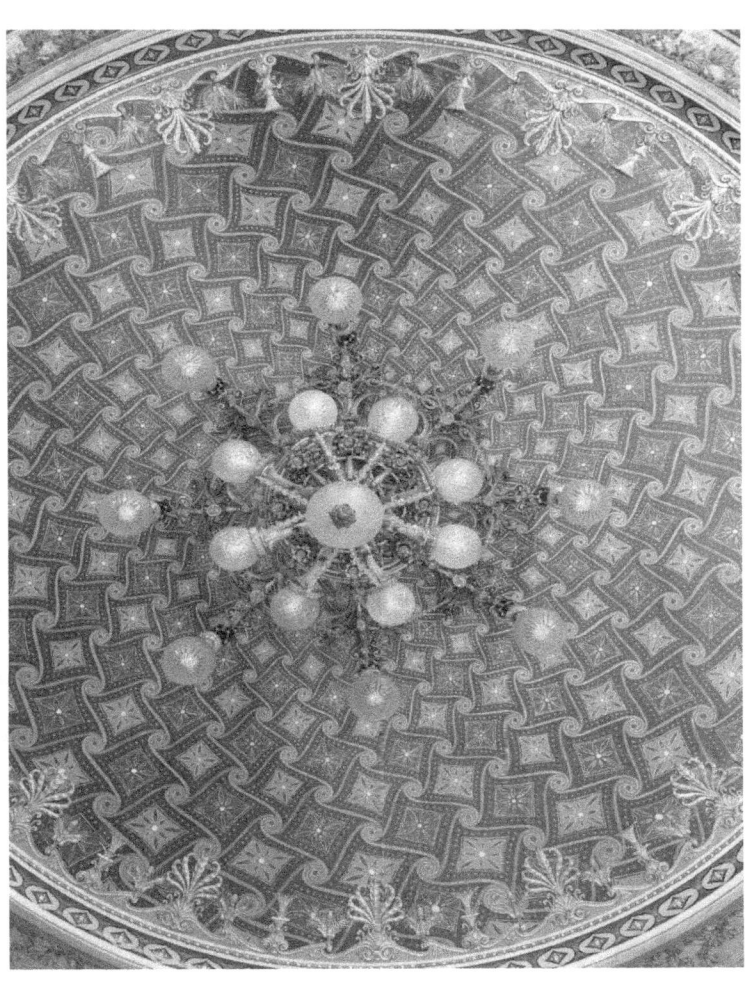

Simétricamente y a partir del crucero de Pasos Perdidos, a ambos lados de la nave transversal, se sitúan las entradas a Diputados y Senadores. A ambas Salas de Sesiones se llega a través de una amplia **Antesala** que es seguida por un **Ambulatorio** y de éste, se accede a la **Sala de Sesiones**, a la que se suman para uso público, de periodistas e invitados de honor, las **Barras** y los **Palcos**.

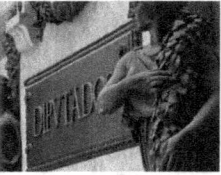

La **Antesala**, creada por Moretti, tiene una gran suntuosidad y calidez pese a sus dimensiones. Amplios ventanales divididos por dos pilastras de granito con bases y capiteles de bronce fundido, se encuentran en las cabeceras de la Sala e iluminan los paneles de seda y el sobrio y alto lambriz de oscura madera de origen italiano.

El **Ambulatorio** de paredes de fino roble de Eslovenia está cubierto por gruesa alfombra rosa viejo, permite el ingreso y egreso de legisladores y es muchas veces lugar de reunión informal de los diputados, periodistas y hombres públicos.

La **Sala de Sesiones** es un gran y amplio ambiente en forma de hemiciclo enfrentado a un alto estrado desde donde se dirige la presidencia de la Cámara, a ella asoman dos tribunas para el público (barras), dos palcos de honor y dos palcos para los periodistas parlamentarios. Predomina el color bordó de los tapizados de cuero nacional.

The entries to the Chambers of Deputies and Senators are located simmetrically on both sides of the transversal aisle of the Room of the Lost Steps.

The access to both Meeting Rooms is through a large **Anteroom** followed by an **Ambulatory** that leads to the meeting room, that is complemented by the tribunes and boxes for the public, journalists and guests.

The **Anteroom** was created by Moretti and is sumptuous and warm in spite of its size. At both ends of the Room there are large windows separated by two granite pilasters with bases and spires in founded bronze that enlighten the silkpanels and the sober and high lambris in darkwood of Italian origin.

The **Ambulatory** has walls in fine Esloveniarn oak and is covered by a thick rose carpet that allows for the entry and exit of the legislators and often becomes an informal meeting place for deputies, journalists and public characters.

The **Meeting Room** is a large semicircular room facing a high platform from which the President addresses the Chamber; there are two tribunes for the public, two boxes for guests and two for parliamentary journalists. Dark red prevails in national leather tapestry.

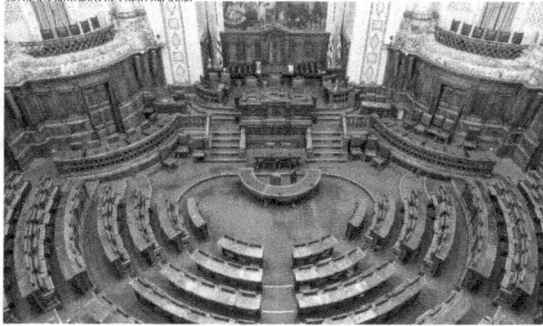

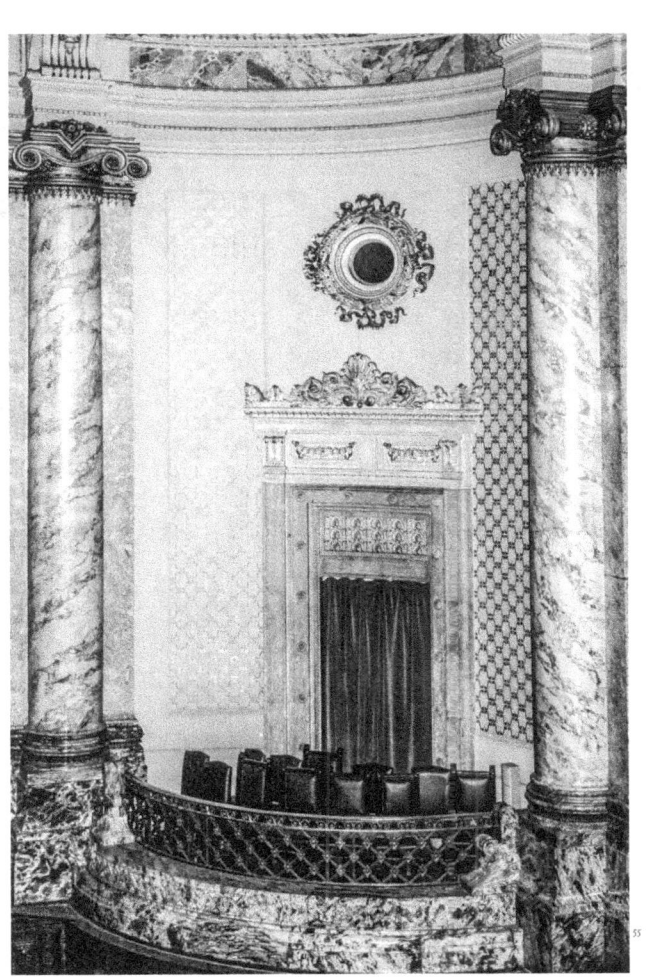

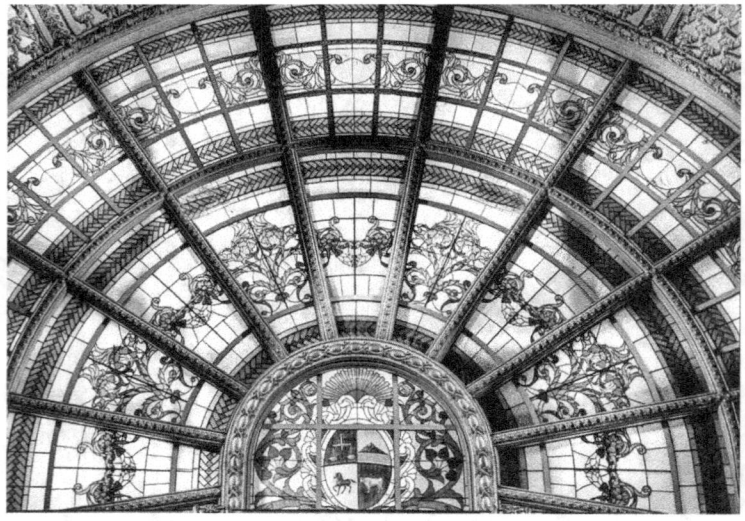

Frente al amplio hemiciclo formado por las bancas de diputados y las barras en anfiteatro, avanzan los dos palcos de honor ante el cabezal o testero. De- trás el sitial de la Presidencia de la Cámara se alza un doble arco concebido en forma esquemática y dentro de dicho arco la magnífica tela de siete metros de alto por cinco de ancho, obra del pintor francés Fernando Laroche (1866-1959), que conmemora el encuentro entre los Generales Artigas y Rondeau en el Cerrito de la Victoria durante el Segundo Sitio a la ciudad de Montevideo el 26 de febrero de 1813.

Sobre el arco que contiene este enorme óleo ma- rouflage se encuentra un águila de alas desplegadas que simboliza el valor y la inteligencia.

Más arriba aún está un cartel donde en letras doradas se recuerda la frase pronunciada por el General José Artigas, Caudillo de los Orientales ante los representantes del Congreso de Abril de 1813: "Mi autoridad emana de vosotros yella cesa por vuestra presencia soberana".
En el techo, el vitral permite que durante las horas del día la Cámara se vea iluminada naturalmente. Su tema principal es el del escudo nacional y su forma global, la del sol naciente, que figura arriba del mismo.

In front of the large semicircle formed by the benches of deputies and the tribunes, there are two boxes for guests before the frontpiece. Behind the site of the President of the Chamber there is a schematically conceived double arch that contains the wonderful painting of 7 meters high by 5 meters wide created by the French painter Ferdinand Laroche (1866-1939) that recalls the encounter of General Artigas and Rondeau at the Cerrito de la Victoria during the Second Siege to the City of Montevideo on February 26, 1813.

On the arch containing this huge marouflage painting, there is an eagle with extended wings as a symbol of courage and intelligence.

Even higher there is a cartel in golden letters recalling the phrase of General José Artigas, leader of the Orientals, addressed to the Representatives meeting at the Congress of April, 1813 "My authority comes from you and it ceases before your sovereign presence".

The vitral of the ceiling provides natural light to the Chamber during the day. Its main topic is the national coat of arms and its overall shape represents a rising sun.

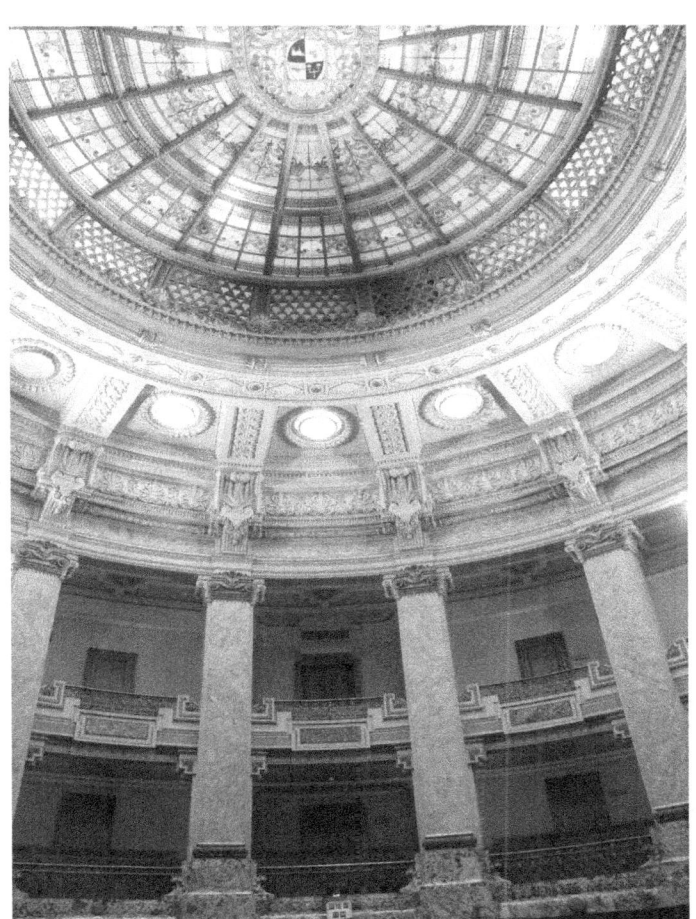

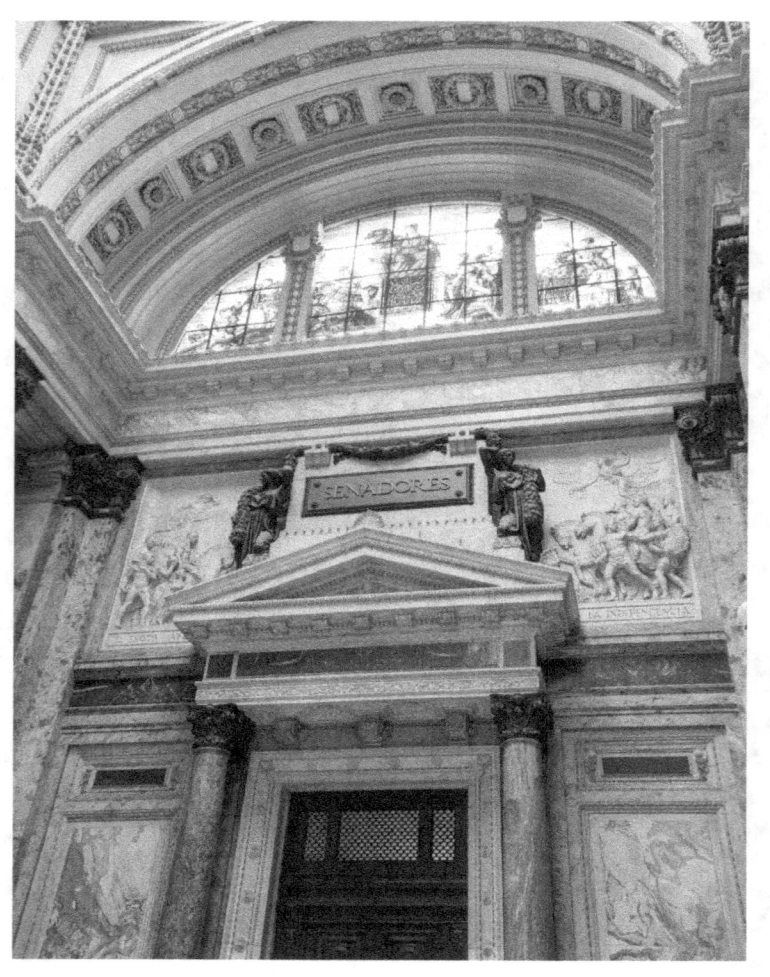

Cámara de Senadores

Chamber of Senators

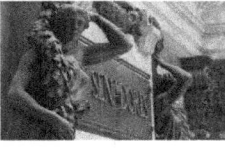
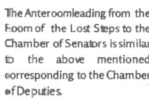

La Antecámara por la que se accede desde Pasos Perdidos a Senadores es similar a la ya descripta para Diputados. En cuanto al Ambulatorio, totalmente revestido en fina caoba, el mismo tiene más solemnidad y espacio en virtud de ser el hemiciclo de la Sala de Sesiones del Senado de menor tamaño que la de Diputados. La sala de Sesiones tiene una especial solemnidad siendo los muebles y revestimientos de esta sala nacionales realizados en finos trabajos de ebanistería. Las mesas son de caoba y los sillones están tapizados en cuero azul claro. El cabecero del hemiciclo contiene un ábside flanqueado por columnas grises estucadas.

Sobre el ábside el Escudo Nacional se logró en madera policromada y dorada a la hoja. En el tímpano del frontis, el busto de Palas Atenea forma parte de la ornamentación que se complementa alrededor de toda la Cámara en forma de capiteles ricamente adornados

The Anteroom leading from the Room of the Lost Steps to the Chamber of Senators is similar corresponding to the Chamber of Deputies.

As regards the Ambulatory, fully reveted in fine mahogany, it is more solemn and large as the hemicycle of the Meeting Room of the Senate is smaller than in the Chamber of Deputies.

The Meeting Room is especially solemn, with furniture and decoration of national manufacture and fine cabinetwork. Tables are in mahogany and chairs' tapestry is in light blue leather.

The head of the hemicycle holds an apsis sided by two grey stucco columns.

The National Coat of Arms appears on the apsis, made of polycrom golden wood. On thE frontis pediment, the bust of Palas Athenea is part of the ornate that is complemented in the entire Chamber with richly decorated capitals.

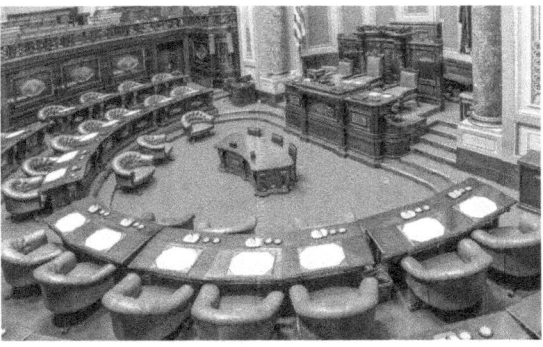

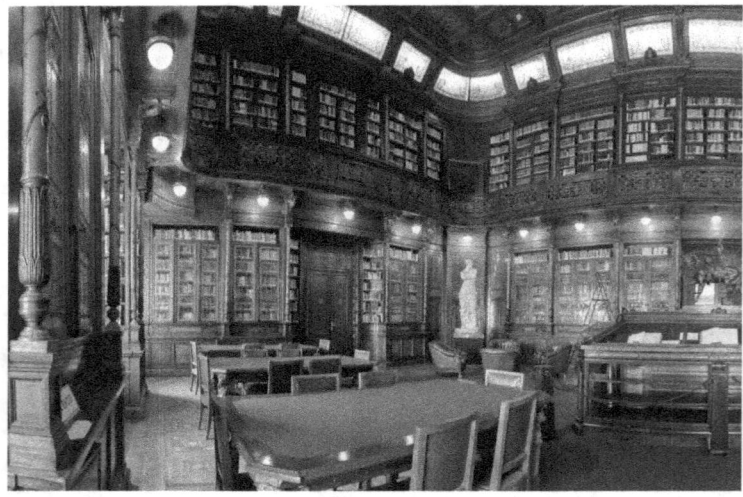

Biblioteca

Es la segunda biblioteca en importancia del País, contando aproximadamente con 200.000 volúmenes. Siendo pública, a ella no recurren solamente los legisladores, sino que numerosos estudiantes, profesores, investigadores y público en general hacen uso diario de sus servicios .

Su labor no sólo se limita al atesoramiento y préstamo de libros sino que a lo largo de su historia y en el presente cumple funciones editoras y difusoras con una larga lista de publicaciones que tienen trascen- dencia nacional e internacional.

El Salón principal de la Biblioteca está rica y esplendidamente decorado en estilo pompeyano. Aún en la severidad del destino la obra de fina carpintería está cubierta de ricos taraceados.

Los bronces de los capiteles, ménsulas, patas de garra de mesas y brazos de los sillones le otorgan una majestuosiosidad admirable. El techo está cubierto de un trabajado artesonado que fija la mirada.

En el centro del salón se encuentra un mueble vidriera de fina madera y sobre él se halla la

Library

Its importance ranks it as the second library in the country, with more than 200.000 volumes. Notonly legislators utilize it, but also a large number of students, researchers and general public on a daily basis.

Its function is not restricted to keep and borrow books, but also, throughout history and presently, it acts as editor and publisher of a long list of publications of national and international significance. The main room of the Library is richly and splendidly decorated in a Pompeyan style.In spite of the seriousness of its activity, its fine carpentry is covered by rich inlaid. The bronze of capitals, corbels, tables'legs as claws and chairs' arms provides a remarkable magnificence. The ceiling is covered by an engraving work that attracts attention.

The center of the room is occupied by a piece of furniture in fine wood with glass doors, crowned by a scale reproduction of the wonderful equestrian

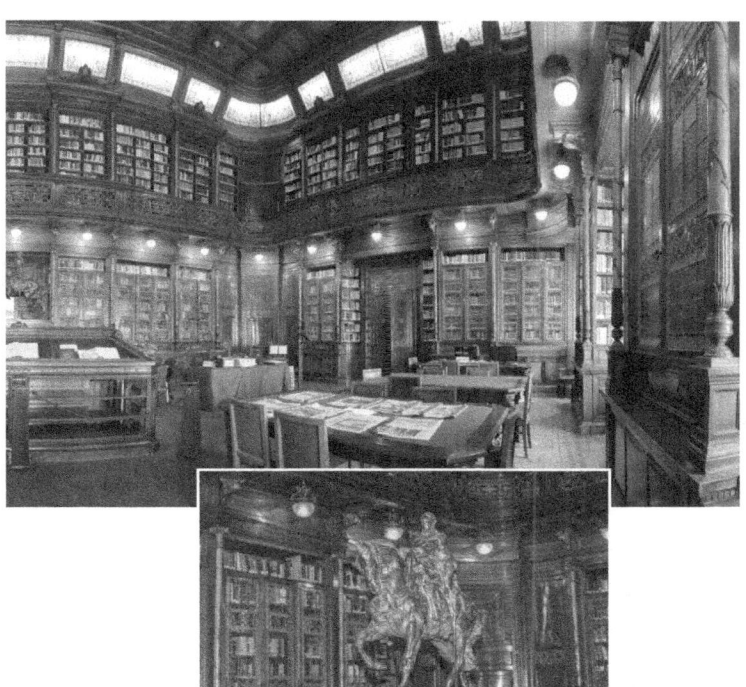

reproducción a escala del magnífico monumento ecuestre del General Artigas cuyo original se encuentra en la Plaza Independencia y que es obra del escul- tor italiano Angelo Zanelli (1879-1942).

La concepción de la Biblioteca fue realizada por el arquitecto Moretti y toda la carpintería como la broncería y el artesonado del techo fueron realizados en la famosa casa del arquitecto Monti, en Milán, Italia.

monument of General Artigas that is located at the Independence Square, made by the Italian sculptor Angelo Zanelli (1879-.942).

The Library was conceived by architect Morett and the works in wood, bronze and the ceilings caissoning were made at the famous firm of architect Monti, in Milan, Italy.

El cuerpo militar de guardia en el Palacio Legislativo esta integrado por efectivos del **Batallon Florida de Infanteria No 1.**

Dicho cuerpo del Ejército Nacional tiene entre otros cometidos la custodia y salvaguarda del Poder Legislativo del Uruguay El **Batallon Florida,** en sus funciones ante el Poder Legislativo, viste el Uniforme de Gala o uniforme especial Modelo 1830 con chaqueta verdiazul y pantalón blanco, el pecho cruzado por doble correa de cuero blanco, guantes blancos, y sombrero de cazador con penacho verde.

En sus orígenes (1826) el Batallón se denominaba **Libertos Orientales**, siendo su primer Jefe el Coronel Felipe Duarte; posteriormente se transformó en el 3ro de Cazadores y actualmente lleva el glorioso nombre de Batallón Florida.-

Este Batallón tiene su asiento en el Cuartel **León de Palleja**, ubicado en la zona del Buceo de la ciudad de Montevideo.

Actuó en casi todas las batallas y combates que se sucedieron en la vida del Uruguay, por ejemplo, Combate de la Colonia (13 de marzo de 1826), Batalla del Ituzaingó (20 de febrero de 1827), Revolución de Lavalleja (2 de julio 1832), Combate de Carpintería(1836), Batalla de Cagancha (1839), Batalla de Montecaseros (1852), Guerra del Paraguay (1865-6), Revolución Tricolor (1875), Revolución de Quebracho(1886), Batalla de Tres Arboles (1897), y Revolución de 1904, Batalla de Masoller.

The Legislative, Palace Guard is formed by militars of the **Florida Battaliond of Infantry Number 1.**

It is a branch of the National Army and has the custody and has the safeguard among others, of the Legislative Power of Uruguay.

When the **Florida Battaliond,** is on duty in the Legislative Palace wears the full -dress uniform or ceremonial dress model 1830. It consists on a green and blue jacket white trousers, and a white double leather band crosssed on the chest, white gloves, and a hunter hat with a green tuft of feathers.

During its origins (1826) the Battalion was called **"Libertos Orientales"**, its first commander was Colonel Felipe Duarte; then it became the "3rd of Hunters" and now his gloriosus name is "Florida Battalion".

This battalion is settled in the Leon de Palleja quarters placed in the Buceo neighbourhood.

This battalion faught in nearly every battles that took place in Uruguay, among others in the combatof "La Colonia" (13th March of 1826), Ituzaingo battle (20th Febrery of 1827), in the Lavalleja Revolution (2nd of July 1832), Carpintería combat (1836), Cagancha combat (1839), Montecaseros battle (1852), Paraguayan war (1865-6), Tricolor revolution (1875), Quebracho revolution (1886), battle of Three Trees (1897), and 1904 revolution, battle of Masoller.

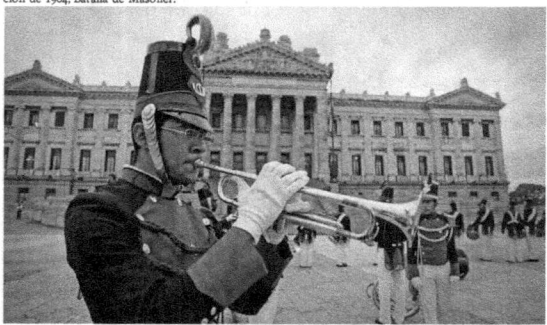

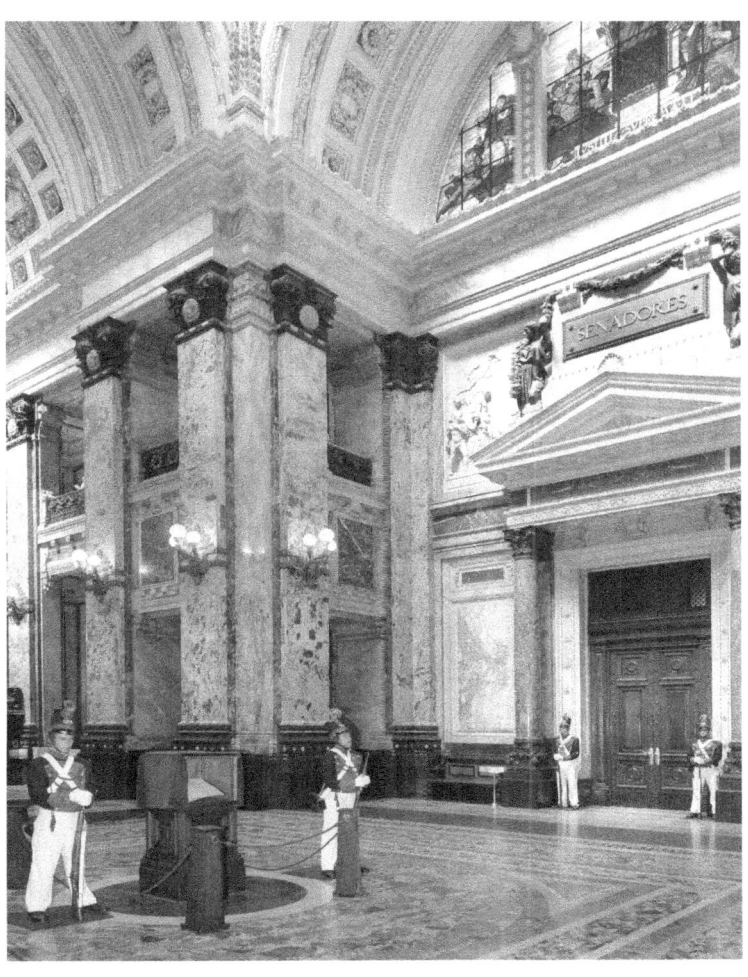

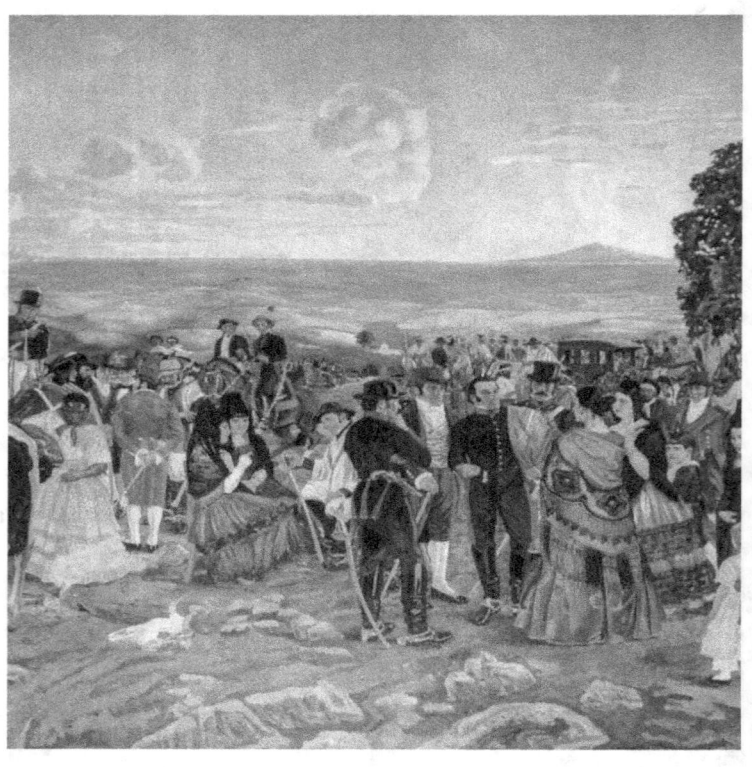

Breve Reseña Histórica de la República Oriental del Uruguay

Brief Historic Outline of The Oriental Republic of Uruguay

La República Oriental del Uruguay, toma su nombre del río que corre todo a lo largo de su litoral oeste y del que se encuentra al oriente.

Previo al descubrimiento la habitan indidos charrúas, chanaes, yaros, bohanes y guenoas, pertenecientes a la gran familia guaraní.

The Oriental Republic of Uruguay is so named because it is located East of the river that constitutes its Western border. Previous to its discovery, its population was formed by charrua, chana, yaro, bohan and guenoa indians, all of them belonging to the widespread guaraní family.

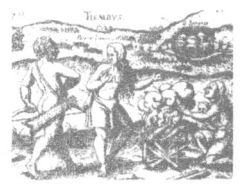

1516 En febrero de 1516 Juan Díaz de Solís descubre el territorio nacional y el Río de la Plata.

1580 Portugueses al mando del Gobernador de Río de Janeiro Manuel Lobo fundan la Nova Colo- nia do Sacramento.

1726 Bruno Mauricio de Zabala funda la ciudad San Felipe y Santiago de Montevideo.

1776 Se crea el Virreinato del Río de la Plata del que forma parte el territorio de la Banda Oriental del Río Uruguay.

1806-1807 Se producen las Invasiones Inglesas. El 27 de junio de 1806 es conquistada la ciudad de Buenos Aires por los ingleses. Desde Montevideo se organiza una expedición que el 12 de agosto de 1806 logra la reconquista de la ciudad. La segunda Invasión Inglesa toma las ciudades de Maldonado (febrero 1807) hasta la capitulación inglesa en Buenos Aires en julio de 1807 que provocó la desocupación de Montevideo en setiembre de 1807.

1810 Revolución de Mayo en Buenos Aires.

1811 Unos cien gauchos liderados por Pedro Viera y Venancio Benavides realizan una proclama libertaria que se llamó *Grito de Asencio* y fue el inicio del movimiento independentista en esta tierra oriental.

1516 On February, 1516, Juan Diaz de Solis discovers the national territory and the River Plate.

1580 Portuguese forces led by the Governor of Rio de Janeiro, Manuel Lobo, found the Nova Colonia do Sacramento.

1726 Bruno Mauricio de Zabala founds the city of San Felipe y Santiago de Montevideo.

1776 The Virceroyship Of The River Plate is created, including the territory of the Banda Oriental (Eastern shore) of the Uruguay River.

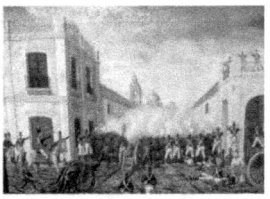

1806-1807 The British invasion takes place. On June 27, 1806, the city of Buenos Aires is conquered by the British. A reconquering expedition is organized in Montevideo and takes the city again on August 12, 1806. The Second British Invasion captures the cities of Maldonado (October, 1806) and Montevideo (February, 1807), until the British surrender in Buenos Aires on July, 1807 and their subsequent departure from Montevideo on September, 1807.

1810 Revolution of May in Buenos Aires.

1811 About a hundred "gauchos" leadered by Pedro Viera and Venando Benavides make a liberty proclamation that was called *Grito de Asencio* and became the startpoint of the independence process in our country.

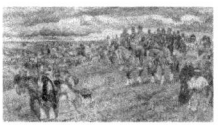

En abril José Artigas desembarca en Paysandú y se incorpora a la revolución.

El 18 de mayo de 1811 Artigas al mando de las fuerzas revolucionarias vence a las tropas del Virrey Elio y el Gobierno de Buenos Aires se levanta el Sitio de Montevideo. El pueblo y el ejército oriental siguen a su caudillo José Artigas en su retirada del territorio nacional; espontáneamente familias enteras, hombres y mujeres, niños y ancianos acompañan al caudillo en su retirada en lo que se llamo el *Exodo del Pueblo Oriental*. Detrás, dejan casas, tierras y pertenencias.

1812 El General Rondeau comienza el Segundo Sitio a la ciudad de Montevideo, ocupada por los españoles. Artigas con sus tropas se une al sitio.

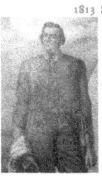

1813 Se reúne el *Congreso de Abril de 1813* de los diputados de la entonces Provincia de la Banca Oriental. Allí en el discurso inaugural entre otras pronuncia la famosa frase: "Mi autoridad emana de vosotros y ella cesa por vuestra presencia soberana". Artigas proporciona a los delegados Orientales ante la Asamblea Constituyente de las Provincias Unidas del Rio de la Plata las *Instrucciones del Año XIII*, donde se pide la independencia absoluta, confederación, libertad civil y religiosa, división de los tres poderes, seguridad territorial de la Banda Oriental, autonomismo provincial.

1814-1816 Artigas extiende su influencia política a las provincias de Corrientes, Santa Fe y Córdoba, siendo proclamado *Protector de los Pueblos Libres*.

1814 Montevideo cae en manos de las fuerzas independentistas.

1816-1820 Invasión Potuguesa. Tropas portuguesas al mando del Barón de la Laguna Carlos Lecor invaden el territorio oriental ante la pasiva aquiescencia del gobierno de Buenos Aires. Artigas al mando de las tropas orientales resiste. Artigas declara la guerra al Directorio de Buenos Aires y comienza una guerra en mar y tierra. Finalmente Artigas vencido en territorio oriental por los portugueses y por sus ex aliados en las provincias del litoral, se retira a Paraguay donde muere el 23 de setiembre de 1850.

In April, José Artigas lands in Paysandu and incorporates to the revolution.

On May 18, 1811, the revolutionary forces led by Artigas defeat the troops of the Spanish Viceroy commanded by Captain José de Posadas First siege by the revolutionary forces to the city of Montevideo, occupied by the Spaniards. The Armistice between Viceroy Elio and the Buenos Aires Government ends the Siege of Montevideo. The people and the national army follow their Leader José Artigas in his withdrawal from national territory; entire families, men, women, children and elder spontaneously accompany their leader in *Exodus of the Oriental People*, leaving behind their homes, land and belongings.

1812 General Rondeau starts the Siege to the city of Montevideo, occupied by the Spaniards. Artigas joins the siege with his troops.

1813 Meeting of the *Congress of April*, 1813, by the deputies of the Province of the Banda Oriental. In his opening address. Artigas made his famous statement: "My authority comes from you and it ceases before your sovereign presence".

Artigas provides the Oriental Delegates to the Constituent Assembly of the River Plate United Provinces the Instructions of Year XIII, asking for full independence, confederation, civil and religious liberty, division of the three powers, territorial security of the Banda Oriental and province autonomy.

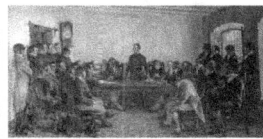

1814-1816 Artigas extends his political influence to the Corrientes, Santa Fe and Cordoba provinces. and is proclaimed as *Protector of Free Peoples*.

1814 Montevideo is conquered by the independence forces.

1816-1820 Portuguese invasion. The Portuguese troops commanded by the Baron of la Laguna,

1817-1824 La Banda Oriental sufre la dominación portuguesa incorporándola al Reino Unido de Portugal, Brasil y Algarves como Provincia.

1822 *Grito de Ipiranga*, el 9 de setiembre por parte de Don Pedro, hijo del Rey de Portugal, quien proclama la Independencia de Brasil y asume como Pedro I. De 1824 al 1828 se cambia la dominación portuguesa por domi-nación brasileña.

1825 El 19 de abril Juan Antonio Lavalleja, uno de los Capitanes de Artigas, en dos lanchones al mando de treinta y tres hombres desembarca en la playa de la Agraciada y comienza la *Cruzada Libertadora*, que a la larga llevara a la liberación del dominio brasilero y luego a la independencia. El 25 de agosto la Asamblea declara la independencia y posterior unión de la Provincia a las Provincias Argentinas.

1828 El General Fructuoso Rivera conquista en 20 días un territorio de 60.000 kilómetros: Las Misio-nes, que obliga al Imperio de Brasil a negodar.

Agosto: Convención Preliminar de Paz firmada por Brasil, Argentina, Inglaterra y Uruguay de donde surgirá la Independencia de la República.

1830 Se jura la Primera Constitución de la Repúbli-ca el 18 de julio.

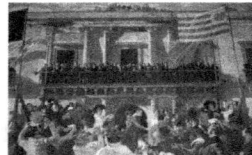

1830-1834 Presidencia del General Fructuoso Rivera.

1835-1838 Presidencia del Brigadier Manuel Oribe.

1838-1851 Turbulento proceso llamado *Guerra Grande*

Carlos Lecoq, invade el oriental territory under the passive indifference of the Buenos Aires Government. At the head of the oriental troops Artigas resists. Artigas declares war to the Buenos Aires Directory and action starts by land and sea. Finally, Artigas is defeated by the Portuguese on the oriental territory and by his former allies in the border provinces, and exiles in Paraguay, where he died on September 23, 1850.

1817-1824 The Banda Oriental suffers the Portuguese domination that makes it a part of the United Kingdom of Portugal, Brazil and Algarves under the name of Cisplatine Province.

1822 *Grito de Ypiranga*, on September 9, by Don Pedro, son of the King of Portugal, who proclaims the Independence of Brazil and takes over as Pedro I. From 1822 to 1828, the domination shifts from Portuguese to Brazilian.

1825 On April 19, Juan Antonio Lavalleja, one of Artigas' captains, lands in the Agraciada coast with thirty-three men and the Crusade for Liberty starts; it would result in the liberation of Brazilian rule first, and in Independence later. On August 25, the Assembly declares the Independence and further union of the Province to Argentine Provinces.

1827 At war with the Brazilian empire, the patriot forces defeat their enemies at the Ituzaingo battle, on February 20.

1828 In twenty days, General Fructuoso Rivera conquers a territory of 60.000 kilometers, Misiones, thus forcing the Brazilian Empire to negotiate.

August Preliminary Peace Convention signed by Brazil, Argentina, England and Uruguay, that would give raise to the independence of the Republic Constitution of the Republic.

1830 Oath of Allegiance to the first *Constitution of the Republic* on July 18.

1830-1834 Presidency of General Fructuoso Rivera.

1835-1838 Presidency of Brigadier General Manuel Oribe.

1838-1851 Turbulent process called *Guerra Grande*.

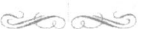

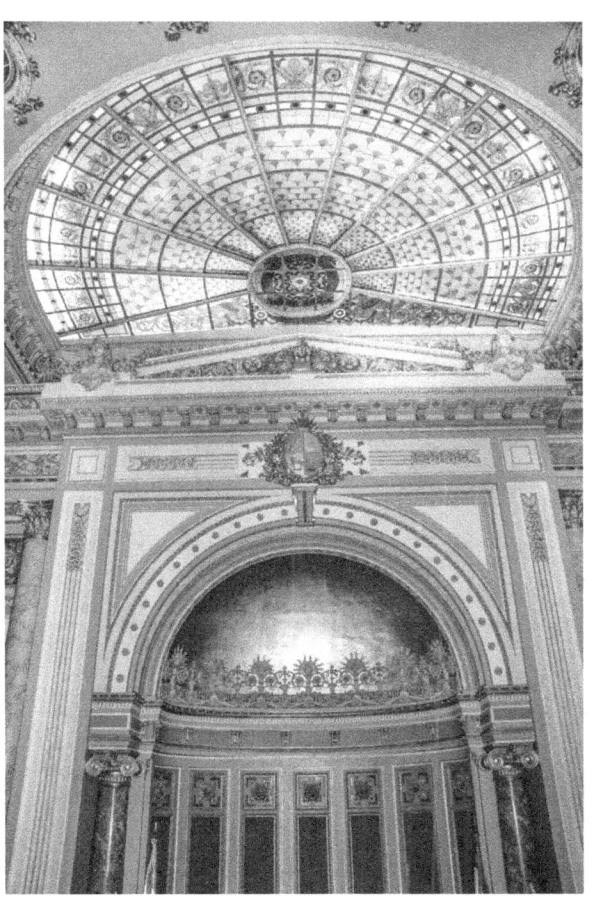

Bibliografía

La autora cumplió el presente trabajo en base a las siguientes fuentes principales:

* "Estatuaria en el Uruguay" de W.E. Laroche.

* "Historia del Palacio Legislativo" de Luis Bausero.

* Diario "El Día" del 25 de agosto de 1925.

* Diario "El Día" del 25 y 26 de agosto de 1925.

* Diario "El Bien Público" del 25 y 27 de agosto de 1925.

* "Suplementos dominicales del diario "El Día", años 1958, 1959, 1960, 1963, 1966.

* "Apuntes para una historia de la estatuaria en Uruguay" A. Monteverde y Cía., 1960

* "Pintura y escultura del Uruguay", de José Pedro Argul, 1958

* "Uruguayos Contemporaneos", de Arturo Scarone, 1973

* "La obra del arquitecto Moretti y los arquitectos nacionales, de Eugenio Baroffio. Diario "El Día" 1914.

Bibliography

The author accomplished this task based the following main sources:

"Estatuaria en el Uruguay" by W.E. Laroche.

"Historia del Palacio Legislativo" by Luis Bausero.

EL DÍA Journal of August 25, 1925.

EL DIA Journal of August 25 and 26, 1925,

EL BIEN PUBLICO Journal of August 25 and 27.

Sunday Suplements of EL DIA Journal, years 27, 1925 1958, 1959, 1960, 1963, 1966.

"Apuntes para una historia de la estatuaria en el Uruguay", A.M. Monteverde y Cía., 1960.

"Pintura y escultura del Uruguay", by José Pedro Argul, 1958.

"Uruguayos Contemporaneos", by Arturo Scarone, 1973

"La obra del arquitecto Moretti y los arquitectos nacionales, by Eugenio Baroffio, EL DIA Journal, 1914.

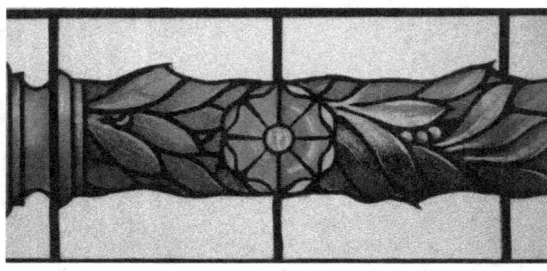

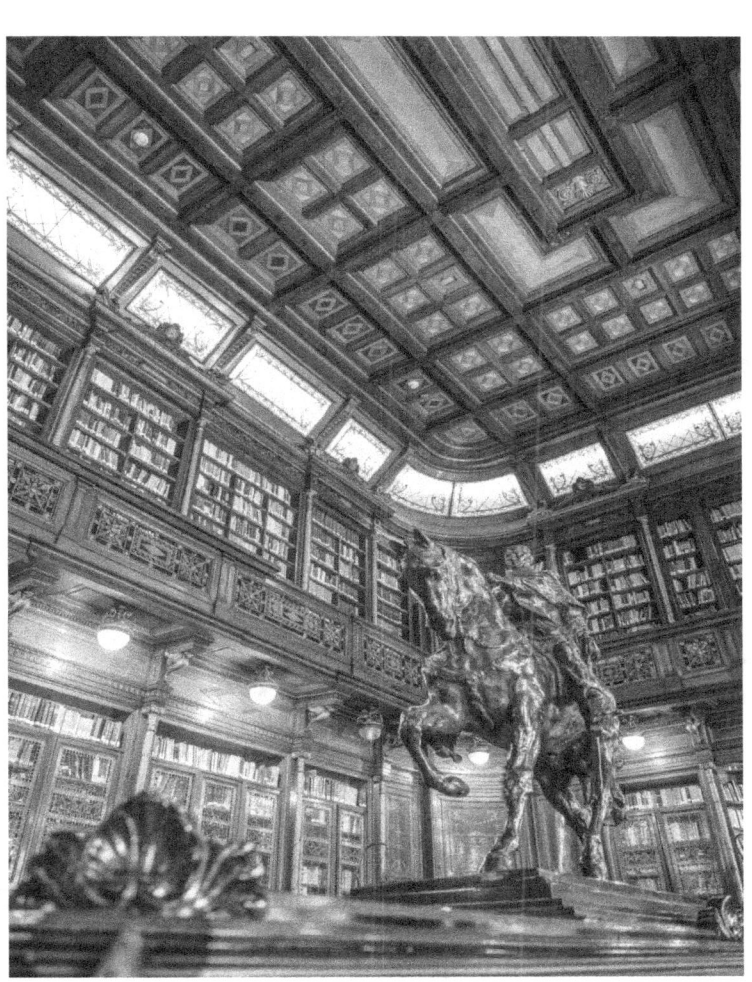

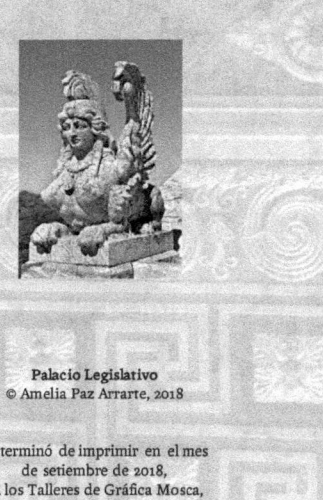

Palacio Legislativo
© Amelia Paz Arrarte, 2018

Se terminó de imprimir en el mes
de setiembre de 2018,
en los Talleres de Gráfica Mosca,
Montevideo, Uruguay.

D.L. 444444444444

Diseño gráfico de Rodolfo Fuentes/NAO

Asesor en fotografía: Mario Batista